A-Z for GERMAN B

ESSENTIAL VOCABULARY ORGANIZED BY TOPIC FOR IB DIPLOMA

German B

ANIA BARCIAK

Published by Elemi International Schools Publisher Ltd

© Copyright 2021 Elemi International Schools Publisher Ltd

Author: Ania Barciak
Series Editor: Mary James
Specialist Editor: Sue Chapple
The author and publisher would like to acknowledge the very valuable input of Danijela Perić who reviewed and commented on the manuscript. Danijela is an experienced educator of the IB Diploma and currently teaches at the American International School of Zagreb.

First published 2021

All rights reserved. No part of this publication may be copied, reproduced, duplicated, stored in a retrieval system, or transmitted in any form or by any means, without the prior written permission of Elemi International Schools Publisher Ltd, or as permitted by law or by licence. Enquiries about permission for reproduction should be addressed to the publisher.

If you photocopy/scan this book, or if you are given a photocopied/scanned version of this book or any part of it, please be aware that you are denying the author and publisher the right to be appropriately paid for their work.

A catalogue record of this title is available from the British Library
British Library Cataloguing in Publication Data

ISBN 978-1-9164131-5-3

Page layout/design by EMC Design Ltd
Cover design by Jayne Martin-Kaye

We are an entirely independent publishing company. This resource has been developed independently from and is not endorsed by the International Baccalaureate Organization. International Baccalaureate, Baccalauréat International, Bachillerato Internacional and IB are registered trademarks owned by the International Baccalaureate Organization.

Printed and bound in Great Britain by
TJ Books Limited, Padstow, Cornwall

Contents

Studying German at IB Diploma level ... 4

1 Identität ... 5
A Lebensstile ... 5
B Gesundheit und Wohlbefinden ... 6
C Werte und Glauben ... 11
D Subkulturen ... 14
E Sprache und Identität ... 17

2 Erfahrungen ... 20
A Freizeitaktivitäten ... 20
B Urlaub und Reisen ... 23
C Lebensgeschichten ... 27
D Die Übergangsriten ... 30
E Bräuche und Traditionen ... 31
F Die Migration ... 34

3 Menschliche Erfindungsgabe ... 38
A Unterhaltungsangebote ... 38
B Künstlerischer Ausdruck ... 40
C Kommunikation und Medien ... 43
D Technologie ... 46
E Wissenschaftliche Innovationen ... 49

4 Soziale Organisation ... 52
A Soziale Beziehungen ... 52
B Gemeinschaft ... 55
C Soziales Engagement ... 58
D Bildung ... 61
E Arbeitswelt ... 64
F Öffentliche Politik ... 67

5 Ein Planet für alle ... 70
A Umwelt ... 70
B Ländliche und städtische Räume ... 74
C Menschenrechte ... 76
D Frieden und Konflikt ... 79
E Gleichberechtigung ... 82
F Globalisierung ... 85
G Ethik ... 87

6 Vokabular für die mündliche Prüfung ... 90
A Ein Bild kommentieren (GS/SL) ... 90
B Präsentation von einem Literaturauszug (LS/HL) ... 92

7 Hilfreiche Ausdrücke für die mündliche und schriftliche Prüfung ... 94
A Verschiedene Textsorten ... 94
B Ein Argument darstellen ... 95
C Logische Konjunktionen ... 96

A-Z for German B (published by Elemi)

Studying German at IB Diploma level

The IB German B Diploma programme is a rigorous and challenging language acquisition course which helps develop your linguistic skills as well as your inter-cultural understanding. Although you already have some knowledge of German, this course will enable you to further develop your abilities across both the written and spoken language, so that you will be better equipped to communicate more effectively in any German-speaking country.

How this resource can help you

Studying German B as part of the IB Diploma programme involves a substantial amount of time for independent study and you may need additional support from your teacher, friends, or other resources. Of course, your teacher and friends may not always be available, particularly when it comes to acquiring, learning, and using a broad range of language and vocabulary across a variety of different topics.

This book aims to help you in this process by providing a core of vocabulary and language organized by the themes and topics you will be studying as part of your IB Diploma.

- There are five broad themes (sections 1–5 in this book). Each theme has been divided into topics, and each topic is then further divided into sub-topics. Most of these sub-topics are organized along the following lines:
  - individual words (you may find some of these are already known to you, but they also act as a useful reminder). Please note that for space reasons, only the masculine singular forms of nouns and adjectives are given. It is understood that students are able to follow the rules for forming the feminine and plural versions.
  - verbs and verb collocations (ie verbs which are often used in combination; these are listed in the infinitive form)
  - phrases and sentences at a more straightforward level (generally these are at Standard Level) – although this is only intended as a guide)
  - longer, more sophisticated sentences which are more likely to be defined as Higher Level. These sentences are indicated by *.
  - The HL sentences marked * have been carefully selected to model the use of a linguistic feature in sentences, for example the use of relative pronouns, special forms of verbs, expressions followed by the subjunctive, or other examples of special vocabulary. These are highlighted **in bold**. To help you identify the equivalent words/phrases in English, these have been written **in bold** as well.
- Section 6 provides you with suggested phrases to help with the preparation of your individual oral assessment. At SL (*nivel medio*), you will engage in a conversation with your teacher which includes you describing a visual stimulus, like a photo. HL students (*nivel superior*) will take part in a conversation related to an extract taken from one of the literary works studied as part of your course.
- Section 7 offers suggested phrases which are not topic-specific and aim to help the overall fluency of your written and spoken German.
- Generally, the language you are given in this resource is in standard register. Words and phrases which are more familiar are indicated as colloquial (col) and more idiomatic language is shown with (id). Remember that your use of idiomatic expressions will help you access higher marks in your assessments.
- This resource provides you with German familiar to most German-speakers. You will find some words and phrases which may be specific to Switzerland or Austria; if relevant, the country or region of origin is indicated in brackets (CH) or (A).
- Note this is **not** a comprehensive list of vocabulary and language and you are encouraged to acquire a broad range of vocabulary. If your teacher gives you additional words, or through your own reading you come across suitable language, you might choose to write it into this book, so it is more like a personal vocabulary book for you.
- Where you see a note to refer to another section (eg `siehe 3 A`), this suggests there may be useful and relevant vocabulary in another section. These cross references have been done where we thought it might be helpful, but they are not necessarily exclusive. You may find other opportunities to blend the language from different sections. This is another way in which you can personalize the language for your own needs.

We wish you the best on your learning journey and, of course, the greatest success in your exams!

Ania and the team at Elemi

Identität

A Lebensstile

Entscheidungen im Leben	Life choices
der Lebensstil/die Lebensweise	lifestyle/way of life
die täglichen Gewohnheiten	daily habits/daily routine
die Art und Weise, wie wir uns anderen gegenüber verhalten	how we behave with others
die Art und Weise, wie wir konsumieren/verbrauchen	what sort of consumer we are
die Art und Weise, wie wir uns unterhalten	how we entertain ourselves
die Art und Weise, wie wir uns kleiden	the way we dress
die Art und Weise, wie wir essen/uns ernähren	the way we eat/provide for ourselves
wie wir gesund bleiben/uns gesund halten	how we keep healthy
eine gesunde Lebensweise wählen	choosing a healthy lifestyle
einen gesunden und ausgewogenen Lebensstil haben	to have a healthy and balanced lifestyle
einen sitzenden Lebensstil haben	to have a sedentary lifestyle
das eigene Zuhause mögen	to love your home
vor der Glotze faulenzen/ein Stubenhocker sein (col)	to laze about in front of the TV/to be a couch potato
Viele meiner Freunde sind kontaktfreudig, aber ich bin lieber alleine.	Many of my friends are very sociable, but I enjoy being on my own.
Ich hänge mit meinen Freunden ab, aber ich bin nie in der Gruppe unterwegs.	I socialize/hang out with friends but I never go out in a group.
Ich führe ein aktives Leben und ich mag Aktivitäten im Freien.	I lead an active life and I like outdoor activities.
Eltern beeinflussen die Lebensweise ihrer Kinder erheblich.	Parents influence their children's lifestyles a great deal.
Dein Lebensstil hängt sehr davon ab in welchem Land du dich befindest.	Your lifestyle depends a lot on the country where you happen to live.
Veganer zu sein bringt viele gesundheitliche Vorteile und schützt auch die Umwelt.	Being vegan brings health benefits and also helps protect the environment.
Die größte Veränderung des 21. Jahrhunderts im Lebensstil junger Leute sind soziale Medien. Davon hängt oft ihr soziales Leben ab.	The greatest change of the 21st century in the lifestyle of young people is social media. A lot of their social life depends on it.
*Unsere Lebensweise widerspiegelt unsere Einstellungen, unsere Werte und die Weise, **wie** wir die Welt sehen.	Our way of life reflects our attitudes, our values and **the way** we see the world.
*Unsere Entscheidungen im Leben werden oft vom sozialen Umfeld bestimmt, **zu dem** wir gehören.	Our life choices are often determined by the social environment **to which** we belong.

A-Z for German B (published by Elemi)

B Gesundheit und Wohlbefinden

Gesundheitsprobleme	Health problems
bei guter/schlechter Gesundheit sein	to be in good/poor health
die (chronische) (Kinder)krankheit	(chronic)/(childhood) illness/disease
eine Virusinfektion/bakterielle Infektion	viral/bacterial infection
die Erkältung/der Heuschnupfen	cold/hayfever
die Halsschmerzen (pl)/das Halsweh	sore throat
die Grippe	flu
psychische Probleme/Probleme mit der psychischen Gesundheit	mental health problems
die Angst	anxiety
die Depressionen (pl)	depression
das Trauma/der seelische Schock	trauma
die Wunde	wound
der Schmerz *oder* die Schmerzen/schmerzhaft	pain/painful
husten und niesen	to cough and to sneeze
erkranken/krank werden	to fall ill
sich schwach/sich der Ohnmacht nahe fühlen	to feel faint
ohnmächtig/bewusstlos werden	to faint/to lose consciousness
sich (den Kopf/den Rücken) verletzen	to injure yourself (your head/your back)
Fieber haben	to have a fever/temperature
sich übel/krank fühlen	to feel nauseous/sick
Ich bin krank.	I'm sick.
Mein Kopf/Arm/Bein tut weh.	My head/arm/leg hurts.
Immer mehr Jugendliche sagen, dass sie sich nicht wohl fühlen und dass sie sich während der Woche krank/schwach/müde fühlen.	More and more young people say they don't feel well and that they feel ill/weak/tired during the week.
Lernen ist stressig und man kriegt oft Kopfschmerzen, Rückenschmerzen, und die Augen tun weh.	Studying is stressful and you often get headaches, back pain, and eye pain.
Ärzte empfehlen, mehr Sport zu treiben, weil zu viele Jugendliche übergewichtig sind/Übergewicht haben.	Doctors recommend more exercise because too many young people are overweight.
Wenn ich bestimmte Lebensmittel esse, habe ich eine allergische Reaktion.	When I eat certain foods, I have an allergic reaction.
***Mehr und mehr** Kinder leiden unter Atmungsstörungen, wie Asthma und Allergien auf bestimmte Lebensmittel.	**More and more** children suffer from respiratory disorders such as asthma, and from allergies to certain foods.
***Immer mehr** junge Leute haben Schlafstörungen, aber die meisten Fälle werden nicht erkannt oder behandelt.	Sleep disorders affect an **increasing number** of young people, but most cases are not detected or treated.
*Übergewicht und Fettleibigkeit gibt es längst nicht nur in reichen Ländern, sondern **auch deutlich häufiger** in Entwicklungsländern.	Excess weight and obesity are no longer problems unique to rich countries but are **also significantly more frequent** in developing countries.
***Eine steigende Zahl** von Teenagern entwickelt ein Verhalten, das auf psychische Probleme, wie Depressionen, Selbstverletzung und Selbstmordversuche hindeutet.	**A growing number** of teenagers are developing behaviours that indicate a mental health issue, such as depression, self-harm and attempted suicide.

Gesundheitsfürsorge	Health care
das Medikament (das Generikum)	(generic) drug
die Tablette/die Kapsel/das Dragee	tablet/capsule/lozenge
die antiseptische Creme/Salbe (das Antiseptikum)	(antiseptic) cream/ointment
das Schmerzmittel/die Schmerztablette	pain relief/painkiller
der Hustensaft/der Hustensirup	(cough) mixture/syrup
der Impfstoff/die Impfung	vaccine/vaccination
der Verband/die Bandage (CH)/das Pflaster	bandage/plaster
die sterilen Tupfer	sterile swabs
das Rezept	prescription
die Prophylaxe	preventative medicine
die ärztliche Untersuchung/der Test	screening/testing
die Röntgenaufnahme/der Ultraschall	X-ray/ultrasound
die Bluttransfusion	blood transfusion
die Chirurgie/die Operation/der chirurgische Eingriff	surgery/operation/surgical procedure
die Gesundheitsfachkräfte	health professionals
alternative Therapien/Medizin	alternative therapies/medicine
von einer Krankenpflegerin/einem Krankenpfleger untersucht werden	to be examined by a nurse
zum Arzt (Allgemeinmediziner/Hausarzt) gehen	to go to the doctor's (general practitioner)
einen Spezialisten/Chirurgen aufsuchen	to see a consultant/surgeon
einen Termin mit einer Therapeutin/einem Therapeuten machen	to make an appointment with a therapist
Blut/Urin untersuchen lassen	to have your blood/urine tested
einen Zahnarzttermin haben	to have an appointment at the dentist's
Antibiotika verschreiben	to prescribe antibiotics

Im Notfall muss man direkt ins Krankenhaus/Spital (CH)/in die (Privat)Klinik/in die Notaufnahme gehen.

In case of an emergency, you need to go straight to hospital/to a (private) clinic/to the emergency department.

Du kannst rezeptfreie Medikamente einnehmen.

You can take some over-the-counter medications.

Die Gefahr einer Langzeitbehandlung ist, dass man sich daran gewöhnen/süchtig werden kann.

The danger of taking a long-term treatment is that you can get used to it/become addicted.

Bevor man zum Arzt geht, ist es möglich einen Apotheker um Rat zu fragen.

Before going to the doctor, it is possible to ask a pharmacist for advice.

Ich wünsche dir gute/schnelle Erholung.

I wish you a good/speedy recovery.

Gute Besserung!

Get well soon!

Während der COVID-19-Pandemie mussten die Menschen zu Hause bleiben, soziale Distanz einhalten und sogar eine Maske tragen, die Nase und Mund bedeckt.

During the COVID-19 pandemic, people had to stay at home and respect social distancing and even go out with a face mask covering their nose and mouth.

***Einige** Patienten bevorzugen es, ihre Leiden mit Homöopathie, Akupunktur oder Osteopathie zu behandeln, anstatt Medikamente einzunehmen.

Some patients prefer to treat their ailments with homeopathy, acupuncture or osteopathy, rather than taking medication.

***Andere** sträuben sich einen Arzt aufzusuchen und das Problem zieht sich hin, weil sie Angst vor Ärzten/Weißkitteln haben.

Others are reluctant to see a doctor and the problem drags on, because they have a fear of doctors/white coats.

Eine ungesunde Lebensweise

Junk-Food/das ungesunde Essen	junk food
Lebensmittel, die zu süß/salzig/fett/kalorienreich sind	foods that are too sweet/salty/fatty/high in calories
die sprudelnden Getränke mit viel Zucker	sugary, fizzy drinks
das Fett	fat
die Süßigkeiten	sweets
der Tabak/die Zigaretten	tobacco/cigarettes
der Alkohol/die alkoholischen Getränke	alcohol/alcoholic drinks
die weichen/harten Drogen	soft/hard drugs
der Bewegungsmangel/der Schlafmangel	lack of exercise/sleep
die Sucht (auf Bildschirme/Videospiele)	addiction (to screens/video games)
die Gesundheitsrisiken	health risks
sich nicht mehr um sich selbst sorgen/sich gehen lassen	to stop caring about yourself/to let yourself go
ein Stubenhocker/ein Couch-potato sein	to be a couch potato
zu viel Zeit vor dem Bildschirm verbringen	to spend too much time in front of a screen
eine Mahlzeit/das Frühstück auslassen	to skip a meal/breakfast
sich vollstopfen	to stuff yourself
(zwischen den Mahlzeiten) einen Happen essen	to snack (between meals)
sich schnell betrinken/komatrinken	to get drunk quickly/to binge drink
einen Kater haben	to have a hangover/to be hung over
Wenn man den Konsum von Fleisch und Wurst einschränkt, kann man sein Krebsrisiko reduzieren.	Limiting red meat and processed meat can reduce the risk of cancer.
Immer weniger Menschen essen mehrmals pro Woche frisches Gemüse, während der Verzehr von Junk-Food angestiegen ist.	Fewer and fewer people are eating fresh vegetables several days a week, while the consumption of junk food has increased.
Der ungesunde Lebensstil von vielen jungen Leuten ist eine wahre Zeitbombe für ihre Gesundheit.	The unhealthy lifestyle of many young people is a real time bomb for their health.
Übermäßiger Konsum von Alkohol, Tabak und Lebensmitteln mit hohem Kaloriengehalt steigert das Risiko von Diabetes und Herz-Kreislauf-Erkrankungen.	Excessive consumption of alcohol, tobacco and high-calorie foods increases the risk of diabetes and cardiovascular disease.
Ein ungesunder Lebensstil, oft aufgrund ungünstiger sozioökonomischer Faktoren, senkt die Lebenserwartung.	An unhealthy lifestyle, often due to unfavourable socio-economic factors, reduces life expectancy.
*Nur 20% der Jugendlichen essen die empfohlene Menge an Obst und Gemüse und das **trotz** Aufklärungskampagnen.	Only 20% of young people are eating the recommended amount of fruit and vegetables and this **despite** awareness campaigns.
***Ungeachtet** der aktuellen Empfehlungen, treibt nur jeder fünfte Teenager genug Sport, um den schädlichen Auswirkungen eines sitzenden Lebensstils zu entgehen.	**Despite** current recommendations, only one in five teenagers exercises sufficiently to avoid the harmful effects of their lifestyle.
*Viele Menschen schauen vor dem Schlafengehen auf ihr Handy, **obwohl** sie wissen, dass blaues Licht und elektromagnetische Felder den Schlaf unterbrechen oder schwieriger machen können.	Many people look at their phones before going to bed at night **even though** they know that blue light and electromagnetic fields can disrupt sleep or make it harder to get to sleep.

Ein gesunder Geist in einem gesunden Körper

jeden Tag körperlich aktiv sein	daily physical activity
moderate/intensive sportliche Übungen	moderate/high intensity exercises
regelmäßig Sport treiben	doing a sport regularly
das Spazierengehen/das Wandern	walking/hiking

das Schwimmen	swimming
der Fitnessraum/die Turnhalle	gym/sports hall
eine gesunde Ernährung	healthy diet
die Vitamine und die Antioxidantien	vitamins and antioxidants
die Ballaststoffe	fibre
die Magermilch/die teilentrahmte Milch/die Vollmilch	skimmed/semi-skimmed/whole milk
die Bioprodukte	organic products
der Vegetarismus/Veganismus	vegetarianism/veganism
vegetarisch/vegan	vegetarian/vegan
das Wohlbefinden	well-being
sich bester Gesundheit erfreuen/fit sein	be in good health/fit
sich um seine Gesundheit kümmern	to look after one's health
der Ernährungsempfehlung genau folgen	to follow dietary advice to the letter
Du solltest deine schlechten Essgewohnheiten ändern und lernen, dich ausgewogen zu ernähren.	You have to change your bad eating habits and learn to eat a balanced diet.
Ein Entspannungsverfahren ist unentbehrlich, um mit (Prüfungs)Stress klarzukommen.	Using a relaxation method is essential in order to manage (exam) stress.
Im Großen und Ganzen fühle ich mich gut und ich rege mich nicht leicht auf!	Generally, I feel good about myself and I don't get worked up easily!
Ich habe mich entschlossen, weniger Fast Food zu essen und genügend Flüssigkeit/Wasser zu trinken, um Giftstoffe zu beseitigen.	I've decided to eat less fast food and to stay better hydrated/to drink more water to eliminate toxins.
Bei beliebten Freizeitaktivitäten mitzumachen setzt Endorphine frei und gibt einem ein allgemeines Wohlbefinden.	Taking part in a leisure activity that you enjoy doing releases endorphins and gives you a feeling of well-being.
*Es wird empfohlen, zu Fuss zu gehen oder Fahrrad zu fahren **anstatt** das Auto zu nehmen. Auch sollte man Treppen steigen und nicht den Aufzug/Fahrstuhl nehmen.	People are advised to walk or cycle **instead of** taking the car. You should also use the stairs rather than elevators/lifts.
***Falls es nicht möglich ist**, raus aufs Land zu fahren, wird geraten, sich mindestens 20 Minuten pro Tag dem Sonnenlicht auszusetzen und draußen spazieren zu gehen.	**If it's impossible** to get out into the countryside, you are advised to expose yourself to sunlight and walk outdoors for at least 20 minutes a day.
*** Es ist besser**, sich körperlich aktiv zu bewegen **als** Antidepressiva einzunehmen. So profitiert man von den physiologischen Wirkungen sportlicher Aktivitäten und kann Ängste überwinden.	**It is better to** do a physical activity with beneficial psychological effects to help overcome anxiety **rather than** take antidepressants.

Weltgesundheitsthemen

World health issues

der Gesundheitszustand	the state of health
die Ernährungsmängel	nutritional deficiencies
AIDS/HIV/HIV-positiv sein	AIDS/HIV/to be HIV positive
die Malaria	malaria
die Cholera	cholera
die Tuberkulose	tuberculosis
der Krebs/die Krebserkrankung	cancer
die Herz-Kreislauf-Erkrankungen	cardiovascular diseases
die ansteckenden Krankheiten	contagious/infectious diseases
die übertragbaren Krankheiten	communicable diseases
die Geschlechtskrankheiten	sexually transmitted diseases

A-Z for German B (published by Elemi)

die Erbkrankheiten	hereditary/genetic diseases
die Kinderkrankheiten	childhood diseases
die Kindersterblichkeit/der Kindstod	child mortality/infant death
die Teenagerschwangerschaft	teenage pregnancy
die Mangelernährung/die Dehydrierung	malnutrition/dehydration
das Virus/das Coronavirus/COVID-19	virus/coronavirus/COVID-19
der Ausbruch/die Epidemie/die globale Pandemie	outbreak/epidemic/global pandemic
die abgelaufenen Arzneimittel	out-of-date pharmaceutical products
verhungern	to starve to death
die Antibiotikaresistenz	resistance to antibiotics
betreuen/versorgen/pflegen	to care for/take care of
eine Impfung geben/verabreichen	to give/administer a vaccine
Ich möchte bei einer NRO arbeiten um Leben zu retten.	I'd like to work in an NGO in order to save lives.
Schwere Unterernährung beeinträchtigt die Immunfunktion.	Severe malnutrition compromises immune function.
Die Adipositasraten in Europa steigen an und immer mehr Personen lassen sich Magen-Bypass-Operationen machen.	Obesity rates are on the rise in Europe and more and more people are having gastric bypass surgery done.
Menschen, die in unhygienischen Verhältnissen leben, sind anfällig für Krankheiten.	People living in insanitary conditions are vulnerable to disease.
Längere soziale Isolation aufgrund von Quarantäne kann zu Problemen führen, die von Irritation, Langeweile und Angst bis zu Atemnot oder einem Gefühl des Eingesperrtseins oder der körperlichen Beschwerden reichen.	Prolonged social isolation due to quarantine can cause problems ranging from irritation, boredom and anxiety, to shortness of breath or a feeling of confinement and physical discomfort.
***Wo auch immer sie sind**, die Menschen brauchen Gesundheitsleistungen und Personal, aber der Zugang zur Gesundheitsversorgung ist auf der Welt sehr ungleich.	**Wherever they are**, people need health services and personnel, but access to health care is very unequal around the world.
***Was auch immer** internationale Organisationen **tun**, um gefährdeten Bevölkerungsgruppen zu helfen, es wird immer Notfälle geben, die schwierig zu bewältigen sind.	**Whatever** international organizations **do** to help vulnerable populations, there will always be health emergencies that are difficult to manage.
***Unabhängig von** der Bedeutung der medizinischen Forschung, um den Ausbruch von Viruserkrankungen einzugrenzen, ist diese leider immer noch eher unterfinanziert.	**Regardless of** the importance of medical research to stem outbreaks of viral diseases, sadly it remains rather underfunded.

C Werte und Glauben

Die großen Werte des Lebens — Life's values

die Ehrlichkeit/die Aufrichtigkeit	honesty
die Integrität	integrity
die Loyalität	loyalty
die Treue	faithfulness, fidelity
der Einsatz/das Engagement	dedication
die (Menschen)Liebe	(human) kindness
die Disziplin	discipline
die Strenge/die Rigorosität	rigour, strictness
die Arbeit	work
die Ausdauer/die Entschlossenheit	perseverance, determination
die Widerstandsfähigkeit	resilience
die Achtung/der Respekt	respect (for others)
die Offenheit/die Aufgeschlossenheit	open-mindedness
die Toleranz	tolerance
die Solidarität	solidarity
die gegenseitige Unterstützung	mutual support
der Altruismus/die Selbstlosigkeit	altruism, selflessness
die Gleichheit/die Gleichwertigkeit	equality
die Parität	parity
die (Rede)Freiheit	freedom (of speech)
die politischen Ansichten	political beliefs
das moralische Empfinden/die Moral/die Moralität	moral sense, morality
der kritische Verstand/das kritische Denken	critical mind/critical thinking
Vorurteile und Diskriminierung nicht akzeptieren	to refuse to accept prejudice and discrimination
Rassismus und Fremdenhass ablehnen	to reject racism and xenophobia
einen Standpunkt darlegen/eine Meinung/ein Gefühl ausdrücken	to express a point of view/an opinion/a feeling
die feste Überzeugung haben, dass …	to have the firm conviction that …
aufrichtig/zutiefst glauben, dass …	to sincerely/deeply believe (in) …
zutiefst überzeugt sein, dass …	to be utterly convinced that …
in gutem Glauben handeln/wider Treu und Glauben handeln *oder* aufrichtig/unehrlich sein	to act in good faith/in bad faith *or* to be sincere/dishonest
Beziehungen aufbauen, die auf Respekt anderen gegenüber beruhen	to establish relationships based on respect for others
sich besser kennenlernen/respektieren	to get to know/respect each other better
Es ärgert mich, (wenn…)	It annoys me (when …)
Ich habe (…) satt/(…) hängt mir zum Hals raus (id)	I'm fed up (with …)/I'm sick and tired (of …)
Ich sage nein (zu …)	I say no (to …)
Es kommt nicht in Frage, dass …	It is out of the question (to …)
Ich glaube leidenschaftlich/von ganzem Herzen daran, dass (die Liebe wichtiger als alles andere ist.)	I believe passionately/wholeheartedly that (love is more important than anything else.)
Mir ist wichtig, dass (man für andere Denkweisen offen ist.)	What is important/crucial for me is (to be open to ways of thinking that are different from my own.)

Identität

Identität

Mir kommt es darauf an (mein Bestes zu tun.)	What matters to me is (doing the best I can.)
Mir liegt es am Herzen, (denen zu helfen, die weniger haben.)	What I care about/What is close to my heart is (being able to help those less fortunate than me.)
Was mir wirklich am Herzen liegt, ist (Freundschaft.)	What I really care about is (friendship.)
Was ich unerträglich finde, ist (Heuchelei und Lügen.)	What I find unbearable/intolerable is (hypocrisy and lying.)
Was ich als unerträglich/inakzeptabel empfinde, ist (Menschen zu beurteilen, bevor man sie richtig kennengelernt hat.)	What I see as intolerable/unacceptable is (to judge people before really knowing them.)
Man muss sich der Wirkung seines Verhaltens bewusst sein.	You must be aware of the impact of your behaviour.
*Ich fechte an/protestiere gegen **jegliche** rassenbezogene, soziale oder geschlechtsspezifische Vorurteile.	I challenge/protest against **any** racial, social or gender bias (or prejudice).
*Wir müssen unsere Empörung angesichts **jeder** Ungerechtigkeiten zum Ausdruck bringen, vor allem jene gegen Urvölker.	We must express our outrage in the face of **any** injustice, especially that suffered by indigenous people.
*Wir müssen gegen **alle Formen** von Homophobie, Sexismus oder Rassismus kämpfen.	We must fight against **all forms** of homophobia, sexism or racism.
*Wir müssen **alle** Stereotype, Klischees und vorgefassten Ideen hinterfragen.	We must challenge **all** stereotypes, clichés, and other preconceived ideas.

Religiöse Ansichten / Religious beliefs

die Kirche/die Moschee/der Tempel/die Synagoge	church/mosque/temple/synagogue
das Kloster/der Mönch	monastery/monk
das Nonnenkloster/die Nonne/die Ordensschwester	convent/nun/sister
der Priester/der Pfarrer	priest
der Imam/der Vikar/der Rabbi	imam/vicar/rabbi
der Gottesdienst/die Messe	religious service/mass
das Gebet	prayer
die Riten/die Rituale	rites/rituals
die Wallfahrt/die Pilgerfahrt	pilgrimage
das religiöse Fest/der Feiertag	religious festival/holiday
das Fasten	fast
das Christentum/der (katholische) (protestantische) Glaube	Christianity/(Catholic) (Protestant) faith
der Islam/der muslimische Glaube	Islam/Muslim faith
das Judentum/der jüdische Glaube	Judaism/Jewish faith
der Hinduismus	Hinduism
der Buddhismus	Buddhism
der Monotheismus	monotheism
der Agnostizismus	agnosticism
der Atheismus	atheism
der Ökumenismus	ecumenism
die Trennung von Kirche und Staat	separation of church and state
der religiöse Fundamentalismus	religious fundamentalism
die Religionskriege	religious wars
glauben	to believe/to have faith
ein Gläubiger sein	to be a believer

eine Religion ausüben/ein aktives Mitglied sein	to practise a religion/to be a practising member
einer Religionsgemeinschaft angehören	to belong to a religious group
In meiner Familie ist Religion ein integraler Bestandteil unserer Identität.	In my family, religion is an integral part of our identity.
Meine Religion auszuüben ist ein (kein) wichtiger Teil meines Alltags.	Practising my religion is (not) an important part of my daily life.
Ich bin skeptisch und ein Rationalist, aber ich verstehe, dass Menschen an etwas glauben müssen.	I am sceptical and a rationalist myself, but I understand that people need to believe in something.
Die öffentliche Bildung muss säkular sein, um alle Religionen zu erlauben.	Public education must be secular, in order to allow all religions.
Mit der verstärkten Zuwanderung von Türken wuchs auch die muslimische Religion in Deutschland.	With the increased immigration of Turkish people, the Muslim religion has also been on the rise in Germany.
*Einige Menschen kritisieren die Religionen für den Rückfall in Nationalismus, **weil sie** Sektierertum und Intoleranz aufrechterhalten können.	Some people criticise religions for the step back into nationalism, **as they** can perpetuate sectarianism and intolerance.
*Ich glaube, dass wir den Glauben anderer Menschen respektieren müssen, **solange** sie auch unsere respektieren.	I believe that we must respect the beliefs of others, **as long as** they respect ours.
*Religiöser Glauben und religiöse Lehren werden **dann** gefährlich **wenn** sie die Freiheit des Einzelnen bedrohen.	Religious beliefs and doctrines become dangerous **when** they threaten individual freedom.

Identität

A-Z for German B (published by Elemi)

D Subkulturen

Jeder auf seine Weise — Each in their own way

der Look/das Erscheinungsbild, das Bild	look, image
der Musikstil	type of music
die Freizeitaktivitäten/die Freizeitbeschäftigung	leisure activities
die politische Ansicht/Meinung	political view/opinion
die Altersgruppen	age groups
die ethnische Herkunft/der ethnische Hintergrund	ethnic background
die sexuelle Identität	sexual identity
das Zugehörigkeitsgefühl	sense of belonging
der urbane Stamm	urban tribe
das Bedürfnis einer Gruppe anzugehören	the need to belong to a group
der Gruppenzwang	peer pressure
Modetrends folgen um ein besseres Selbstbild zu haben	to follow fashion trends to have a better self-image
Trends folgen um besser hineinzupassen	to follow a trend in order to blend in
sich weigern ein Modeopfer/Fashion Victim zu sein	to refuse to be a fashion victim
die gleichen Sachen/Dinge mögen/den gleichen Geschmack haben	to like the same things/to share the same taste
von Schauermärchen/urbanen Legenden fasziniert sein	to be fascinated by urban legends
gegen Massenkultur protestieren	to object to mass culture
Jugendliche lieben es, zu ihrem Stamm zu gehören.	Teenagers love to belong to a group.
Mit Tätowierungen kann man sich selbst zum Ausdruck bringen.	Tattoos are a way of expressing yourself.
Kulturelle Entscheidungen junger Leute sind sehr beeinflusst von den Medien und der Werbung.	The cultural choices of young people are very influenced by the media and advertising.
Zu einer Gruppe zu gehören ist fast das Gleiche, wie eine Familie zu haben, nur dass man sie selbst aussuchen kann.	Belonging to a group is almost like having a family, but one you choose for yourself.
Jugendkultur ist oft vom Geschlecht, aber auch vom sozialen Hintergrund, bestimmt.	Youth culture is often determined by gender but also by social background.
Junge Leute versuchen, mit besonderer Kleidung, Zubehör und Frisuren aus der Mainstream-Kultur hervorzustechen.	Young people try to stand out from mainstream culture by choosing a specific style of clothing, accessories and hairstyles.
*Gruppenmitglieder übernehmen eine Sprache/machen sich einen Jargon zu eigen, **indem** sie Ausdrücke **verwenden**, die nur sie verstehen.	Group members adopt a language/jargon specific to them, **(by) using** terms that only they understand.
*Wir wollen uns von vorherigen Generationen abheben, **indem** wir eine neue Art des Seins und des Konsums **erfinden**.	We want to stand out from previous generations **by inventing** a new way of being and consuming.

Deine Wurzeln, deine Heimat — Ties to your roots

die regionale/lokale Kultur	regional/local culture
die Sprache	language
die Küche/Gastronomie	cuisine/gastronomy
das Kunsthandwerk	handicrafts/arts and crafts
die Kunst	art
der Brauch/die Tradition	custom/tradition
die Musik	music

die Architektur	architecture
die Landschaft	landscape
das Kulturgut/Kulturerbe	cultural heritage
das Erbe	heritage
sich heimisch fühlen	to feel at home
am Herkunftsland hängen	to be attached to the country you come from
(zurück) nach Hause gehen	to go back home
Wo ich herkomme, gibt es Fasching (und im Rheinland Karneval), trägt man Trachten und feiert das Oktoberfest.	My roots are carnival, wearing traditional dresses, and of course Oktoberfest.
Viele Städter mögen es während den Festtagen in ihre Heimat zurückzukehren.	Many city dwellers like to return to their roots during holidays.

Die Expatriate Gemeinschaften / Expat communities

sich wie ein Fremder in seinem Land fühlen	to feel like a stranger in your own country
Heimweh haben	to be homesick
Kulturschock erleiden	to suffer culture shock
Ich vermisse mein Land.	I miss my country.
Du musst einen neuen Freundeskreis gewinnen.	You have to make a new circle of friends.
Die Distanz verstärkt die Bindungen zu Freunden und Familie.	Distance strengthens the bonds with friends and family.
Die Eltern versuchen, ihre Herkunftskultur weiterzugeben, während sie zugleich die Kultur des Gastlandes annehmen.	Parents try to pass on their culture of origin while adopting that of the host country.
*Mehrere Umzüg **mitzuerleben** kann einem das Gefühl geben, dass man entwurzelt ist und seine Orientierung verliert.	**Living through** a series of house moves can make you feel uprooted and that you're losing your bearings.
*Ein Zugehörigkeitsgefühl zu einer Kultur **zu haben** hilft einem, sich sicher zu fühlen.	**Having** a sense of belonging to a culture makes you feel safe.
***Zu wissen**, wo man herkommt ist umso wichtiger, wenn man immer auf Achse ist. (id)	**Having** a good knowledge of your origins is all the more important when you're always on the move.
***Im Ausland zu leben** ist eine kulturell bereichernde Erfahrung, die neue Horizonte öffnet.	**Living abroad** is a culturally enriching experience, which opens new horizons.

Am Rande der Gesellschaft leben / Living on the fringes of society

Wenn es eine Wahl gibt … / When it's a choice …

der Außenseiter/der Sonderling	outsider/misfit
der Nonkonformismus	nonconformism
das Gemeinschaftsleben/Gemeinschaftswohnen	communal living
wohnen in einem Mehrgenerationenhaus	to live in a multi-generational home
ein alternatives Leben wählen/sich entscheiden, ein anderes Leben zu leben	to choose an alternative life/to choose to live differently
aus der Masse herausragen	to stand out from the crowd
gegen die Spielregeln verstoßen	to break the rules
sich weigern, vom gleichen Kaliber zu sein	to refuse to be cast in the same mould
abseits des Mainstreams leben	to live off the beaten track
aussteigen/etwas aufgeben	to drop out/to quit
Menschen, die Deutschland verlassen, um am Rande der Gesellschaft zu leben, wie zum Beispiel irgendwo in Brasilien oder auf einer tropischen Insel, werden „Aussteiger" genannt.	People who leave Germany in order to live at the margins of society, for example somewhere in Brazil or on a tropical island, are called 'dropouts'.

A-Z for German B (published by Elemi)

Identität

Immer mehr Jugendliche entscheiden sich, im Einklang mit der Natur zu leben.	More and more young people are choosing to live in harmony with nature.
Es ist nicht immer einfach, das perfekte Gleichgewicht/die perfekte Balance zwischen dem privaten und dem beruflichen Leben zu finden.	It's not always easy to find the perfect balance between your personal and professional life.
*Deutschland ist als eine Multikulti-Gesellschaft bekannt geworden und die meisten Menschen bevorzugen ein sozialeres und ein **weniger ungleiches** Umfeld.	Germany has become known as a multi-cultural society and most people prefer a more social and **less unequal** environment.
... und wenn nicht	... and when it isn't
der/die Obdachlose	homeless person
der/die Ausgestoßene/jemand, der von der Gesellschaft ausgeschlossen ist	outcast/someone excluded by society
die Asozialen/die Zurückgelassenen	social rejects/the ones left behind
die Opfer der sozialen/gesellschaftlichen Spaltung	victims of the social divide
auf der Straße leben	to live on the street
in unzureichenden und verarmten Bedingungen leben	to live in inadequate and impoverished conditions
Viele Familien leben in Armut und sind komplett auf Sozialhilfe/Sozialleistungen (der Regierung) angewiesen.	Many families live in poverty and depend entirely on social/welfare (government) benefits.
Man kann schnell zum sozialen Außenseiter werden, wenn man die Schule abbricht oder weil man entlassen wurde.	You can quickly become a social outcast after dropping out of school or because you have been made redundant.
Armut kann jemanden in den Teufelskreis von Ausgrenzung, Demütigung und Verlust des Selbstwertgefühls hineinziehen.	Poverty can drag someone into a vicious circle of exclusion, humiliation and loss of self-esteem.
Wenn die Umstände zu sozialer Ausgrenzung von wirtschaftlich schwachen Einzelpersonen führen, ist es nicht unüblich, dass die Gesellschaft sie stigmatisiert.	When circumstances lead to the social exclusion of economically vulnerable individuals, it is not uncommon for society to stigmatize them.

E Sprache und Identität

Sprachen kennen	Knowing languages
die Muttersprache	mother tongue/home language
die Fremdsprache	foreign/world language
die Einsprachigkeit/die Zweisprachigkeit/die Mehrsprachigkeit	monolingualism/bilingualism/multilingualism
die offizielle/regionale Sprache	official/regional language
ein Dialekt/eine Mundart	a dialect/patois
der Jargon der Jugendlichen	'youth speak'/teen jargon
die Textsprache	text language
ein Wert für das Leben/für den Lebenslauf/für die Karriere	an asset for life/for your CV/for your career
die Sprachbarriere	language barrier
zweisprachig/bilingual oder dreisprachig sein	to be bilingual or trilingual
übersetzen/dolmetschen	to translate/to interpret
Talent zum Erlernen von Sprachen haben/es einfach finden, eine neue Sprache zu lernen	to have an aptitude for learning languages/to find it easy to learn a new language
gute (schriftliche/mündliche) Sprachkenntnisse haben	to have a good command of the (written/spoken) language
Sich in der Sprache des Landes, das man besucht/ in dem man wohnt, verständigen können	to be able to communicate in the language of the country you are visiting/where you live
Zuhause sprechen wir mehrere verschiedene Sprachen, was Teil unserer Identität ist.	At home, we speak several different languages, which is part of our identity.
Ich verstehe den ostfriesischen Dialekt, aber ich spreche ihn nicht sehr gut.	I understand the East Frisian dialect but I don't speak it very well.
Ich spreche fließend Deutsch und Englisch, ich habe gute Kenntnisse der französischen Sprache und ich habe Grundkenntnisse des Spanischen.	I speak fluent German and English, I have a good command of French, and I have a basic knowledge of Spanish.
In den DACH-Ländern verschwinden viele der einheimischen Dialekte und mit ihnen auch äußerst wertvolles Kulturgut.	In the DACH-countries, many of the indigenous dialects are disappearing and with them the very valuable cultural heritage.
Viele behaupten, dass die Sprache ein Teil unserer persönlichen aber auch nationalen Identität ist.	Many maintain that language is part of our personal as well as our national identity.
In einigen Situationen muss man jedes Wort auf die Goldwaage legen. (id)	In some situations, one has to be very careful what and how one says something.
Die Kenntnis von Sprachen entwickelt Aufgeschlossenheit und Toleranz gegenüber anderen Kulturen.	Knowing languages develops open-mindedness and tolerance towards other cultures.
*Es scheint unbestreitbar, dass Sprachenvielfalt mit kultureller Vielfalt Hand in Hand geht.	**It seems indisputable that** linguistic plurality goes hand in hand with cultural richness.
*Ich bin sehr glücklich, dass das Lernen einer Fremdsprache für den IB-Abschluss obligatorisch ist.	**I am really happy that** learning a foreign language is compulsory for the IB Diploma.
*Ich bin für die Anwendung von inklusivem (geschlechtsneutralem) Schreiben, weil es normal ist, dass sich eine Sprache mit der Art wie wir denken weiterentwickelt.	**I'm all for** the use of inclusive (gender-neutral) writing as it's normal for language to evolve with the way we think.
*Es ist traurig, dass eine Sprache alle zwei Wochen stirbt.	**It's sad that** a language disappears every two weeks.
*Meiner Meinung nach ist es unwahrscheinlich, dass eine künstliche Sprache wie Esperanto eine universelle Sprache werden könnte.	**In my opinion, it is unlikely that** an artificial language such as Esperanto could become a universal language.

Identität

Identität

***Es ist möglich, dass** das Erlernen einer Sprache den Gedächtnisverlust sowie die Verschlechterung der kognitiven Funktionen verzögern könnte.

It is possible that learning a language may delay memory loss and the deterioration of cognitive function.

Wer bin ich? (meine Identität) | Who am I? (personal identity)

die persönlichen Informationen/Daten	personal information
der Ausweis/der Pass	ID card/passport
der Nachname/Familienname und der Vorname	surname and first name
das Geburtsdatum und der Geburtsort	date and place of birth
das Alter	age
die (doppelte) Staatsangehörigkeit/Staatsbürgerschaft	(dual) nationality/citizenship
die gesprochene(n) Sprache(n)	language(s) spoken
die Wohnadresse/die Privatadresse	home address
der Familienstand/Zivilstand	family/marital status
die körperlichen Merkmale	physical characteristics
der Fingerabdruck	fingerprint
der Fitnesszustand	level of fitness
die Invalidität/Behinderung	disability
die Persönlichkeit/der Charakter/das Temperament	personality/character/temperament
die Interessen/Freizeitbeschäftigungen	interests/pastimes
der Geschmack/die Vorlieben	taste and preferences
die Auswahl an Freizeitaktivitäten	choice of leisure activities
die Eigenschaften und Fehler	qualities and faults
Menschen, mit denen man befreundet ist/die Bekannten	people you're friends with/acquaintances
(gute) Freunde	(close) friends
die (Aus)Bildung	education
die Arbeit/die Arbeitssituation/die Karriere	job/job situation/career
die Erfahrungen/die persönliche Geschichte/die Erinnerungen	experiences/personal history/memories
die Werte/der Glaube/die Ansichten	values/beliefs
die sexuelle Orientierung	sexual orientation
Ich sehe wirklich aus wie mein Vater.	I really look like my father.
Der Apfel fällt nicht weit vom Stamm!/Wie der Vater so der Sohn! (id)	The apple doesn't fall far from the tree!/Like father, like son!
Die Familie und das soziale Umfeld haben einen großen Einfluss darauf, wer du bist.	Family and social environment have a big influence on who you are.
Es ist faszinierend, einen Stammbaum zu erstellen, um seinen Ursprung/seine Herkunft zu entdecken.	It's fascinating to make a family tree to discover your origins.
Man kommt nicht als Frau zur Welt, man wird es.	You are not born a woman, you become one.

Kulturelle Identität: der deutschsprachige Raum | Cultural identity: the German-speaking world

die deutschsprachigen Länder	German-speaking countries
die offizielle Sprache	official language
die Ausbildungssprache	language of instruction
36% der Bürger der EU sprechen Deutsch.	36% of EU citizens speak German.
Mehr als 130 Millionen Menschen sprechen Deutsch und es ist eine offizielle Sprache in sieben Ländern.	More than 130 million people speak German and it is an official language in seven countries.

Deutsch ist die nationale Minderheitensprache in Ungarn, Polen, Rumänien und der Tschechischen Republik.	German is the national minority language in Hungary, Poland, Romania, and the Czech Republic.
Deutsch gehört zu den zehn meistgesprochenen Sprachen auf der Welt.	German is among the ten most commonly spoken languages in the world.
Mehr als 60% der Schweizer Bürger sprechen Deutsch als ihre Hauptsprache.	More than 60% of Swiss citizens speak German as their main language.
Die Schweiz ist bekannt für ihren Multilingualismus und dieser ist ein wichtiger Teil der Schweizer Identität.	Switzerland is known for its multilingualism and it is an important part of Swiss identity.
Der meistgesprochene Dialekt in Österreich ist Bayerisch, manchmal auch Österreichisch-Bayerisch genannt.	The dialect most spoken in Austria is Bavarian, sometimes called Austro-Bavarian.
Deutschland hat viele Länder kolonisiert und in Namibia war Deutsch bis ins Jahr 1990 eine offizielle Sprache.	Germany colonized many countries and Namibia had German as an official language until 1990.

Identität

A-Z for German B (published by Elemi)

2 Erfahrungen

A Freizeitaktivitäten

Freizeit | Free time

die Freizeit	spare time (leisure time)
das Gleichgewicht zwischen Arbeit und Privatleben	work–life balance
den Geist freimachen	to clear one's mind
sich ablenken/entkommen	to take your mind off things/to escape
sich interessieren für (+Akk)	to be interested in
Leidenschaft haben/leidenschaftlich sein für (+Akk)	to have a passion for/to be passionate about
sich entspannen	to unwind/to relax
sich austoben (Dampf ablassen) (col)	to unwind (let off steam)
Ich bin eher ein Stubenhocker.	I'm a bit of a stay-at-home person.
Ich persönlich stehe auf …	Personally, I'm into …
Das ist (echt) nicht mein Ding!	That's (really) not my thing!
Ich habe tagsüber nicht viel Freizeit.	I don't have a lot of free time during the day.
Die Lieblingsfreizeitaktivität junger Leute ist es mit Freunden auszugehen.	Young people's favourite activity in their free time is going out with friends.
Es ist wichtig, Freizeitaktivitäten zu haben, die entspannend aber auch erfüllend sind.	It's important to have leisure activities that are both relaxing and fulfilling.
Meine Freunde und ich verwenden die meiste freie Zeit auf CAS-Aktivitäten	My friends and I spend most of our free time on our CAS activities.
***Immer mehr Jugendliche** engagieren sich für Freizeitaktivitäten in der Gemeinschaft, wie z.B. Freiwilligendienst für eine Hilfsorganisation.	**More and more young people** are attracted by community-based leisure activities, such as volunteering for a charity.
***Einige Menschen** bevorzugen es, Zeit mit der Familie zu Hause zu verbringen.	**Some people** prefer to spend time at home with their families.
*Was **wir alle** brauchen, ist Entspannung und Erholung nach einem langen Arbeitstag.	What **we all** need is to chill out after a long day at work.
*Meine Leidenschaft ist Sport – damit verbringe ich meine ganze Freiheit. **Für andere Menschen** scheint Sport aber gar nicht wichtig zu sein.	My passion is playing sports, to which I devote all my leisure time. **For others**, sports do not seem to be important at all.

Sportarten | Sports

die Einzelsportart/der Mannschaftssport	individual/team sport
der Pferdesport/das Reiten/der Reitsport	equestrian sport/horseriding
der Boardsport	board sports
der Wassersport	water sports
die Extremsportarten	extreme sports
die Sportarten	sport/sport disciplines
das Training	training
der Sportwettkampf/das Match	sports event/sports match
das Rennen/das Radrennen/das Pferderennen/das Autorennen	running/cycle race/horse race/motor race
Teil eines Teams/einer Mannschaft sein	to be part of a team
Clubmitglied sein	to be a member of a club
ein Tennisspiel spielen/in einem Handballspiel spielen	to play a game of tennis/to be in a handball match

Erfahrungen

an einem Rugby-Turnier/einer Leichtathletik Meisterschaft/einem Angelwettbewerb teilnehmen	to take part in a rugby tournament/a track and field championship/a fishing contest
einen (Wettkampf)Sport treiben	to do a (competitive/high-level) sport
Bogenschießen/Schwimmen/Reiten/Stepptanzen	to do archery/swimming/horse-riding/tap dancing
Futsal/baskisches Pelota spielen/kegeln	to play futsal/to play basque pelota/to go bowling
stundenlang auf einem Fußballfeld/auf einem Tennisplatz/in einem Fitnessstudio/auf einer Sportanlage/im Schwimmbad/im Eisstadion sein	to spend hours on a football pitch/on a tennis court/in a gym/at the sports centre/at the pool/at the ice rink
ein (schlechter) Verlierer sein	to be a bad loser
Ich habe dreimal die Woche/einmal die Woche/selten/sehr oft/nicht so oft/manchmal Training.	I have training three times a week/once a week/rarely/very often/not so often/sometimes.
Ich interessiere mich nur als Zuschauer für Sport.	I am only interested in sport as a spectator.
Er ist ein Sesselsportler!	He is an armchair sportsperson!
Meine einzige Bewegungsform ist es, meinen Hund zweimal am Tag auszuführen und mit meiner Familie spazieren zu gehen.	My only form of exercise is to take my dog out twice a day and to go for walks with my family.
*Ich persönlich kann Fitnessstudios nicht ausstehen, deshalb vermeide ich sie so oft wie möglich.	Personally, I can't stand gyms so I avoid them as much as possible.
*Ich selbst weiß, dass ich den Adrenalinschub brauche, der von Extremsport wie Klettern kommt.	For myself, I know that I need the adrenaline boost that comes from intense sports like rock climbing.
*Was mich betrifft, ist Sport vor allem eine Gelegenheit, Zeit mit Freunden zu verbringen.	As for me, sport is above all an opportunity to spend time with friends.

Kreative und künstlerische Aktivitäten — Creative and artistic activities

das Gemälde/die Skulptur/die Zeichnung	painting/sculpture/drawing
die Wandmalerei (das Wandbild)	wallpainting (mural)
die Keramik/das Töpfern	pottery
das Heimwerken/das Gärtnern	do-it-yourself (DIY)/gardening
die Musik/das Theater	music/theatre (drama)
das (Blog)Schreiben/bloggen	(blog) writing/to blog
stricken	to knit
nähen	to sew
kochen	to cook
sammeln	to collect
fotografieren	to do photography
an einem Zeichenworkshop teilnehmen	to join a drawing workshop
ein Musikinstrument spielen	to play a musical instrument
Klavierunterricht/Geigenunterricht/Gitarrenunterricht nehmen	to take piano/violin/guitar lessons
in einem Chor singen/in einem Orchester spielen	to sing in a choir/to play in an orchestra
bei einer Tanzshow teilnehmen/mitmachen	to take part in dance shows
Ich bin Teil einer Amateurtheatergruppe und wir geben zwei Vorstellungen im Jahr.	I am part of an amateur theatre group and we put on two shows a year.
Ich bin einem Einführungskurs für Robotik beigetreten und ich habe bereits einige Roboterwettbewerbe gewonnen.	I joined an introductory course in robotics and I have already won several competitions.
Für CAS habe ich mir die persönliche Herausforderung gestellt, eine Ausstellung meiner Gemälde zu organisieren.	For CAS, I gave myself the personal challenge of setting up an exhibition of my own paintings.

*Kreative Freizeitaktivitäten sind **ein Modetrend** geworden, der immer mehr kommerzialisiert wird.

*Kunsthandwerk in Österreich **ist sehr trendy**, auch bei jungen Menschen.

*Handgemachte Gegenstände sind **ein boomender** Sektor und das ist wahrscheinlich ein Zeichen dafür, dass wir anders konsumieren wollen.

Creative leisure activities have become **a fashionable trend** that is increasingly commercialized.

Arts and crafts **are very trendy** in Spain, including among young people.

Hand-made items are **a booming** sector and it probably is a sign we want to consume differently.

Kulturelle Gepflogenheiten

Cultural practices

das Fernsehen/das Lesen	television/reading
das Brettspiel	board game
das Videospiel/das elektronische Spiel/das Computerspiel	video game/electronic game/online gaming
die sozialen Netzwerke	social networks
Radio hören	to listen to the radio
Schach/Karten spielen	to play chess/cards
sich weiterbilden/erkundigen	to educate yourself
einen Film im Kino sehen	to see a film at the cinema
ein Theaterstück im Theater sehen	to see a play at the theatre
auf ein (klassisches/Rock) Konzert gehen	to go to a (classical/rock) concert
eine Musikshow/eine Tanzshow/einen Zirkus sehen	to see a (musical/dance/circus) show
ins Museum gehen und eine Ausstellung sehen	to go and see an exhibition at a museum
in ein Freizeitzentrum/ein Ferienlager (für Kinder) gehen	to go to a leisure centre/a holiday camp (for children)

Die meisten Jugendlichen mögen es, mit Freunden auf Parties zu gehen oder auszugehen, vor allem wenn es einen guten DJ gibt.

Most young people like to go to parties with friends and go clubbing, especially when there is a good DJ.

In Österreich abonnieren viele Kinder Jugendzeitschriften.

In Austria, many children subscribe to youth magazines.

Seit dem Einzug der digitalen Technologie nutzen weniger Menschen Bibliotheken und sie leihen weniger Bücher aus.

Since the advent of digital technology, fewer people use libraries and people borrow fewer books.

***Es scheint mir, dass** viele Jugendliche es **deutlich bevorzugen**, an großen Veranstaltungen wie Festivals, Raves oder Feten mit Freunden teilzunehmen.

It seems to me that many young people **much prefer** attending large gatherings such as festivals, raves, or parties with friends.

***Anscheinend haben** das Bildungsniveau und die oft unerschwinglichen Kosten eine Auswirkung auf die Teilnahme junger Leute bei gewissen kulturellen Veranstaltungen.

It seems that the level of education and the often prohibitive cost (of tickets) **have** an impact on young people's participation in certain cultural activities.

B Urlaub und Reisen

Schönen Urlaub/Schöne Ferien! — Have a good holiday!

die Sommerferien/die Schulferien (verbringen)	(to spend) summer holidays/school holidays
der Urlaub zu Hause/die Ferien zu Hause	holidays at home/staycation
der Urlaub am Meer/auf dem Land/der Aktivurlaub in den Bergen	holidays by the sea/in the countryside/in the mountains
die Wanderferien	hiking/trekking holidays
abwechslungsreiche Freizeitaktivitäten	diverse, varied free time activities
das Naturerlebnis	experience of nature
der Sprachaufenthalt/das Austauschjahr (im Ausland)	language study holiday/exchange year (abroad)
die Klassenfahrt/die Klassenreise	class trip/school trip
die Freiwilligenarbeit im Urlaub	volunteering on holiday
das (Sommer) Ferienlager	(summer) camp
das Volunteer-Projekt	volunteering project
die Gemeinschaftsarbeit	community work
der Reiseführer	travel guide (book or person)
der Fremdenführer/Reiseleiter	travel guide (person)
die geführte Tour	a guided tour
die Skiferien/der Skiurlaub	skiing vacation
die Pauschalreise/der Pauschalurlaub	all-inclusive trip/all-inclusive holiday
die Unterkunft	accommodation
in einem Zelt/in einem Wohnwagen	in a tent/in a camper (mobile home)
in einem Hotel/in einer Jugendherberge/in einem Erholungsort/in einer Ferienwohnung/in einem Landhaus/in einem Gasthof/bei einer Gastfamilie untergebracht sein	to stay/be accommodated in a hotel/in a youth hostel/in a holiday resort/in a holiday rental apartment/in a country house/in a guesthouse/with a local host family
solo reisen	to travel alone/to journey alone
mit Familie/mit Freunden/mit Bekannten reisen	to travel with family/with friends/with acquaintances
der Strandurlaub/der Strandaufenthalt	beach vacation
(wild) campen/zelten gehen	to go (wild/off-site) camping
Couchsurfing machen	to do couchsurfing
Sehenswürdigkeiten besichtigen	to sightsee
die Stadtrundfahrt	city sightseeing tour

Urlaub heißt für mich: ausschlafen/entspannen/am Strand sonnenbaden/sich satt essen/in die Disco (in den Club) gehen.

For me, holidays mean sleeping in/chilling out/sunbathing at the beach/eating until full/going to the club.

Ich habe oft Fernweh und genieße aktive Ferien in vollen Zügen, indem ich so viel wie möglich mache.

I often have itchy feet and I enjoy active holidays to the fullest by doing as much as possible.

Um erfolgreiche Ferien zu genießen, muss man sorgfältig aussuchen, wo man übernachtet/logiert (CH). Man kann in einem ruhigen oder in einem belebten Ort mit Nachtleben bleiben, je nachdem, was man mag.

In order to have a successful holiday, one must carefully choose where one stays. One can choose a quiet or an animated place with a nightlife, depending on what one likes.

***Obwohl** der Schnupperkurs im Klettergarten viel Geld kostete, mussten wir noch für die Ausrüstung zahlen.

Even though the introductory course in the climbing park cost a lot of money, we still had to pay for the equipment.

***Trotz** der Reklamation, die er per E-Mail gesendet hatte, hat ihm das Hotel ein Zimmer ohne Alpenblick gegeben.

Despite his complaint, which he had sent via email, the hotel gave him a room without a view of the Alps.

***Einerseits** zieht die Alpenlandschaft viele Touristen an; **andererseits** kann es auch sehr viele Probleme verursachen, wenn der Tourismus nicht nachhaltig ist.

On one hand the Alpine landscape attracts many tourists; **on the other hand,** when tourism is not sustainable, it can create a lot of problems.

Gute Reise!
Have a good trip!

die Reise/der Reiseplan	trip, journey/itinerary
mit dem Auto/mit dem Zug/mit dem Flugzeug/auf dem Schiff	by car/train/plane/boat
mit dem Motorrad/mit dem Fahrrad/zu Fuß	by motorbike/by bike/on foot
auf eine Kreuzfahrt gehen	to go on a cruise
ein Hausboot mieten	to rent a houseboat
verspätet, mit Verspätung/annulliert, abgesagt	late, delayed/cancelled
die Hochsaison/die Nebensaison	high/low season
die (Touristen)Broschüre	(tourist) brochure/leaflet
der Billigurlaub/der günstige Urlaub	cheap holiday
den billigen/günstigen Direktflug (mit Zwischenlandung) nehmen	to take a low-cost, direct flight (with a stopover)
den Flug/die Flugverbindung verpassen	to miss the plane/the connection
das Ticket entwerten	to validate the ticket
die Fahrzeiten/die Flugzeiten prüfen	to check the timetable
ein einfaches Ticket/ein Rundreiseticket (online) kaufen	to buy a one-way/round-trip ticket (online)
einen Sitzplatz/eine Kabine (in der Touristenklasse) reservieren	to reserve a seat/a cabin (in economy class)
im Voraus/in letzter Minute reservieren	to book in advance/at the last minute
auf eine Pauschalreise gehen/unabhängig reisen	to go on a package tour/to travel independently
ein Auto *oder* einen Wagen mieten/sich ein Mietauto *oder* einen Mietwagen besorgen	to rent a car/to get a rental car
trampen/per Autostopp fahren (CH)	to hitch-hike
packen/auspacken	to pack/unpack
das Handgepäck (beim Check-in) aufgeben	to check in hand luggage
sich einer Sicherheitskontrolle unterziehen/durch die Zollkontrolle gehen	to go through security/customs

Einige Menschen leiden unter Jetlag und können reisekrank/seekrank werden.

Some people suffer from jet lag and get travel sick/seasick.

Es gibt nur zwei Weisen die Welt zu betrachten: Entweder man glaubt, dass nichts auf der Welt ein Wunder sei, oder aber, dass es nichts als Wunder gibt. (*Albert Einstein*)

There are only two ways to see the world: Either one believes that nothing in this world is a miracle or that everything is a miracle. (*Albert Einstein*)

*Auf Klassenfahrt zu gehen bedeutet für **einige** Jugendliche, das Familiennest und ihre Komfortzone zum ersten Mal zu verlassen.

For **some** young people, going on a school trip means leaving the family nest and their comfort zone for the first time.

*Ein Pauschalurlaub ist nicht für **Menschen**, die das Abenteuer suchen, sondern für **diejenigen**, die alles im Voraus organisiert haben möchten.

A package holiday is not for **people** who are looking for adventure but for **those** who want everything to be organized in advance.

*Meiner Meinung nach ist ein wahrer Reisender **jemand, der** seine persönlichen Horizonte erweitern möchte und die sozialen, kulturellen und historischen Realitäten der Länder, die er besucht, entdecken will.

In my opinion, a true traveller is **someone who** wants to broaden their horizons and discover the social, cultural and historical realities of the countries they visit.

*Ins Ausland zu reisen bedeutet intellektuelle und kulturelle Bereicherung für **jene, die** sich von ihren eigenen kulturellen Gepflogenheiten lösen können.

Travel abroad provides intellectual and cultural enrichment for **those who** take a step back from their own cultural practices.

Not to be photocopied or scanned

*Menschen, die Reisen stressig finden, sind oft **diejenigen, die** Angst haben sich neuen Lebensweisen zu öffnen.

People who find travel stressful are often **those who** are afraid to open up to new ways of life.

Die Vorteile des Tourismus / Benefits of tourism

Eigenschaften eines guten Touristen: neugierig, respektvoll, offen, kontaktfreudig, diskret, sauber	qualities of a good tourist: curious, respectful, open, sociable, discreet, clean
der Ökotourismus/der verantwortungsvolle Tourismus/der ethische Tourismus/der nachhaltige Tourismus	ecotourism/responsible tourism/ethical tourism/sustainable tourism
die beliebten/gefragten/wichtigsten Reiseziele	popular/sought-after/key tourist destination
die Stätte des Weltkulturerbes	World Heritage Site
der geschützte Ort	protected site
der Kulturaustausch/der kulturelle Austausch	cultural exchange
die Einkommensquelle/die Fonds für die lokale Bevölkerung	source of income/funds for local communities
die (saisonbedingte) Arbeitsplatzschaffung	(seasonal) job creation
abseits des Pfades gehen	to go off the beaten track
zur Natur zurückkehren	to return to nature
die lokalen Spezialitäten probieren/kosten	to taste the local specialities
das lokale Kunsthandwerk/die lokale Handwerkswirtschaft entwickeln	to develop local crafts/the local craft economy
entvölkerte Regionen wieder beleben	to revive depopulated regions
die lokale Wirtschaft ankurbeln und Arbeitsplätze schaffen	to boost the local economy and generate jobs
Reisen erweitert den Horizont junger Leute.	Travel broadens young people's minds.
Der Tourismus sorgt für ausländische Investitionen, die der ganzen lokalen Wirtschaft nützen.	Tourism brings in foreign capital that benefits the entire local economy.
Der Tourismus kann einen erheblichen Beitrag zur Armutsminderung in einem Land leisten.	Tourism can make a significant contribution to reducing poverty in a country.
Der grüne (nachhaltige) Tourismus ist einerseits gerecht für die beteiligten Menschen, zum anderen ist er aber auch ökologisch und wirtschaftlich sinnvoll.	On the one hand green tourism is fair for the people involved and on the other hand it also makes ecological and economical sense.
*Der Ökotourismus erlaubt dir, eine authentische Welt zu erleben **und** trägt **zugleich** zur wirtschaftlichen Entwicklung bei.	Ecotourism allows you to discover an authentic world **while contributing** to the economic development of the region.
*Dank des Tourismus kann eine Region oder ein Land seine Infrastruktur, wie Straßen, Flughäfen oder Spitäler (CH)/Krankenhäuser modernisieren **und gleichzeitig** Respekt für seine Bevölkerung und Umwelt **fordern**.	Thanks to tourism, a region or country can modernise its infrastructure, such as roads, airports or hospitals, **whilst demanding** respect for its population and the environment.
*Die Agrotouristik oder die Ferien auf dem Bauernhof erlauben dir, landwirtschaftliches Fachwissen, die gesellschaftliche Praxis und die kulinarischen Spezialitäten eines Gebiets zu entdecken, **ohne** der Umwelt zu schaden.	Agri or agrotourism, or farm tourism, allows you to discover the agricultural know-how of an area, its social practices and its culinary specialities, **without actually** harming the environment.
*Touristisches Interesse für einheimische Kulturen trägt zur Aufrechterhaltung des Brauchtums, der Traditionen und der Baukunst bei, **ohne dass** sie zum Touristenspektakel werden.	Tourists' interest in local cultures contributes to maintaining customs, traditions and architectural heritage **without** them becoming a tourist show.

Schädigende Wirkungen des Tourismus / Harmful effects of tourism

die Eigenschaften eines schlechten Touristen: engstirnig, respektlos, intolerant, unhöflich/mürrisch, unzufrieden, ein Verschmutzer	The traits of the bad tourist: narrow-minded, disrespectful, intolerant, rude/grumpy, dissatisfied, polluter
die Touristenfalle	tourist trap
der Touristenbetrug/Reisebetrug	tourism scams/travel scams

der Massentourismus	mass tourism
die Umweltauswirkungen (pl)/gesellschaftliche Auswirkungen (pl) des Tourismus	environmental/social impact of tourism
die Touristenscharen	hordes of tourists
der Verkehr/der Stau	traffic/traffic jams
die Überentwicklung der Küste/der Massivbau entlang der Küste	overdevelopment of/massive construction along the coastline
die Sättigung bestimmter Reiseziele	saturation of certain destinations
die Schädigung/die Herabsetzung der Orte	damage to/degradation of places
die Verschmutzung und der Biodiversitätsverlust	pollution and loss of biodiversity
der Anstieg der Lebenshaltungskosten von Einheimischen	increase in the cost of living for local people
unter den negativen Auswirkungen des Tourismus leiden	to suffer from the negative effects of tourism
Lärmbelastung verursachen/Abfall erzeugen	to generate noise pollution/waste
irreversible Schäden an der Flora und Fauna verursachen	to cause irreversible damage to flora and fauna
Touristen bedeuten Lärm, Verschmutzung und überfüllte Restaurants/Strände.	Tourists translate to noise, pollution and restaurants/beaches filled to the max.
Immer mehr Häuser werden zur saisonalen Vermietung umgebaut.	More and more homes are being converted into seasonal rentals.
Ein Haus zu mieten oder zu kaufen wird für die lokale Bevölkerung unerschwinglich.	Renting or buying a house is becoming unaffordable for the local population.
Beim schwarzen Tourismus geht es darum, Orte zu besuchen, die mit Gewalt, Katastrophen oder Tod verbunden sind.	Dark tourism is about visiting places associated with violence, disaster or death.
Einige Touristenziele sind wegen des jahreszeitlichen Zustroms von Urlaubern fast völlig gelähmt.	Some tourist destinations are on the verge of paralysis due to the seasonal influx of holidaymakers.
Der wirtschaftliche Beitrag des Tourismus ist ein Mythos, weil eigentlich die geschaffenen Arbeitsplätze nur saisonal und deshalb auch instabil sind.	The economic contribution of tourism is a myth because, in fact, the jobs it creates are seasonal and therefore unstable.
*Obwohl Infrastruktur für den Massentourismus notwendig ist, überschreitet sie den Bedarf der ortsansässigen Bevölkerung, die diese noch finanzieren und instandhalten muss.	Although infrastructure is needed for mass tourism, it exceeds the needs of the local population, which still has to finance and maintain it.
*Ganz gleich, wie wichtig der Tourismus ist – er kann zur „Folklorisierung" der einheimischen Kultur führen, die dann zu einer Touristenattraktion reduziert wird und nicht mehr echt ist.	No matter how important tourism is, it can lead to the 'folklorization' of the local culture, which is then reduced to being a tourist attraction and is no longer real.
*Es ist möglich, dass die Absichten der Touristen, die an humanitärer Hilfe teilnehmen, gut sind, aber Freiwilligentourismus verwandelt Armut in Touristenattraktionen und stärkt Stereotypen.	It is possible that the intention of tourists taking part in humanitarian actions may be good, but volunteer tourism transforms poverty into a tourist attraction and perpetuates stereotypes.

C Lebensgeschichten

Lebensabschnitte — Stages of life

die Geburt	birth
die Kindheit	childhood
die Jugendzeit	teenage years, adolescence
die Jugend	youth
das Erwachsenenalter/das mittlere Lebensalter	adulthood/middle age
das hohe Alter/die Betagtheit	old age
der Tod	death
die Schwangerschaft	pregnancy
die Mutterschaft	maternity
das Baby/der Säugling/das Neugeborene	baby/infant/newborn
der kleine Junge/das kleine Mädchen *oder* das Kleinkind	little boy/girl *or* toddler
der Teenager/der Jugendliche	teenager/adolescent
der (junge) Erwachsene	(young) adult
der ältere Mensch	elderly person/senior citizen
einen Freund/eine Freundin haben	to have a boyfriend/girlfriend
sich auf den ersten Blick verlieben	to fall in love at first sight
(als Paar) zusammenleben/solo leben	live together (as a couple)/live alone
eine Familie gründen	to start a family
schwanger sein/werden	to be/get pregnant
(ein Baby/ein Kind/einen Jungen/ein Mädchen) erwarten	to be expecting (a baby/a child/little boy/little girl)
gebären/zur Welt bringen	to give birth
in den Kindergarten/in die Grundschule/in die Oberschule/ins Gymnasium gehen/an die Universität gehen	to go to nursery school/primary school/secondary school/high school/university
für einen Hochschulabschluss studieren	to study for a postgraduate degree
eine Ausbildung machen	to do a training course
ein Handwerk erlernen	to learn a trade
anfangen zu arbeiten	to start working
seine erste Arbeitsstelle erhalten	to get your first job
in Rente/den Ruhestand gehen	to retire
alt werden/altern	to grow old
sterben	to die
Ganz wenige Menschen erinnern sich an ihre frühe Kindheit.	Very few people remember their early childhood.
Einige Kulturen feiern den Übergang von einer Lebensphase zu einer anderen mit Zeremonien.	Some cultures celebrate the transition from one stage of life to another with ceremonies.
Das hohe Alter und der Tod sind in einigen Gesellschaften Tabus.	Old age and death are taboo in some societies.
„Alter schützt vor Liebe nicht, aber Liebe vor dem Altern."	"Old age does not protect you from love but love protects you from growing old."
Es heißt, dass das Leben aus Abschnitten besteht, durch die man gehen soll, anstatt sie zu überspringen.	Life **is said to be** made of stages that you must go through rather than skip over.
Oft wird gesagt, dass die Adoleszenz der schwierigste Lebensabschnitt ist, weil sie ein Übergang zwischen der Kindheit und dem Erwachsensein ist.	**It is often said that** adolescence is the most difficult stage of life because it is a transition between childhood and adulthood.

A–Z for German B (published by Elemi)

*Manche sagen, dass die schwierigen Teenagerjahre nicht unvermeidlich sind und dass man durch diese Jahre gelassen und reibungslos durchkommen kann.

*Nach Aussage vieler Menschen ist die beste Zeit des Lebens im Alter 18 bis 35 Jahren, wenn man glücklich bei der Arbeit und mit der Familie ist.

*Einige meinen, der beste Lebensabschnitt sei der Ruhestand, wenn man sich Zeit nehmen kann sich zu vergnügen.

Some say that the troubled teenage years are not inevitable and that you can go through your teens smoothly and serenely.

According to many people, the best time of life is between the ages of 18 and 35 when you're happy at work and with your family.

According to some, the best stage in your life may be retirement when you can take the time to enjoy yourself.

Die persönliche Geschichte / Personal history

die Abstammung/Wurzeln	origins/roots
die Einflüsse	influences
der Meilenstein (das herausragende Ereignis)/das wichtige Lebensereignis	milestone/major life event
die beste/schlechteste Erinnerung	the best/worst memory
erstens/an erster Stelle	first of all/in the first place
als ich X Jahre alt war …	when I was X years old …
in diesem Zeitraum/während dieser Zeit	during this period/time
zugleich/zur gleichen Zeit/gleichzeitig	at the same time/concurrently
dann/danach/nach	then/after
genau so	that's how
seitdem/seither	since that time
anschließend/infolge	following/as a result of
sich (jemandem) vorstellen	to introduce oneself (to someone)
sein/herkommen aus …	to be/come from …
einen (untypischen) Weg einschlagen	to follow an (atypical) path
der Ausgangspunkt für … sein	to be the starting point for …
die ersten Schritte wagen	to take your first steps
einen Wendepunkt darstellen/am Ende ankommen	to mark a turning point/to mark the end of
die Gelegenheit haben	to have the opportunity to
Glück haben/Schwein haben (col)	to be lucky
ersehnen/vermissen	to yearn for/to miss
ein Tagebuch führen	to keep a diary
Ich bin in der Schweiz geboren und aufgewachsen.	I was born and raised in Switzerland.
Die Vergangenheit meiner Familie ist mir wichtig und sie beeinflusst mein Leben.	My family's past is important to me and influences my life.
Ich denke, man sollte unbedingt wissen, wo man herkommt, damit man weiß wer man ist und was man machen will.	I think it is essential to know where you come from in order to know who you are and what you want to do.
Der Moment, an den ich mich am besten erinnere, war der, als wir ins Ausland gezogen sind, und ich 8 Jahre alt war.	The moment I best remember is when we moved abroad when I was 8 years old.
Unser Umzug in die Schweiz ist ein Ereignis, das mein ganzes Leben verändert hat.	Our move to Switzerland is an event that changed my whole life.
Der Ort, an dem ich als Kind am glücklichsten war, war bei meinen Großeltern, wo ich jeden Sommer verbracht habe.	The place where I was happiest as a child was at my grandparents' house where I spent every summer.
Die beste Erinnerung – als meine Eltern mir einen Hund geschenkt haben.	My best memory – probably the day when my parents gave me a dog.
Der erste Tag an der internationalen Schule ist ein Moment, den ich niemals vergessen werde.	My first day at the international school is a time that I will never forget.

2 Erfahrungen

***Bevor ich die** Landessprache sprechen **konnte**, fühlte ich mich sehr isoliert.

Before being able to speak the language of the country, I felt very isolated.

***Bevor** meine Eltern **mit mir** über die Schweiz **sprachen**, wollte ich in Deutschland leben.

Before my parents **talked to me** about Switzerland, I wanted to live in Germany.

***Nachdem** ich mehrmals alleine **gereist** und ins Sommerlager **gefahren war**, habe ich Selbstvertrauen erworben.

After travelling alone several times and **going to** summer camp, I gained self-confidence.

***Nachdem** meine Eltern mich bei Vereinen **eingeschrieben hatten**, konnte ich neue Freunde finden.

After my parents **enrolled** me in clubs, I was able to make new friends.

***Nachdem** ich die Aufnahmeprüfung das erste Mal **nicht bestanden hatte**, lernte ich doppelt so fleißig um erfolgreich zu sein!

Having failed my entrance test the first time, I worked twice as hard to succeed!

***Da** ich **nie** im Heimatland meiner Eltern **gewesen bin**, fühle ich mich ein wenig entwurzelt.

Having never been to my parents' country of origin, I feel a little uprooted.

Biografische Erzählungen

die (Auto)biografie/fiktionalisierte Biografie

das (private) Tagebuch

die Erinnerungen/die Memoiren

der Briefroman

die Lebensgeschichte

die Familiensaga

das Porträt/Selbstporträt

sich erinnern

bezeugen

Persönlichkeitszüge beschreiben

deine Lebensgeschichte erzählen

die wichtigen Ereignisse deines Lebens erzählen

persönliche Erfahrungen weitergeben

persönliche Augenblicke des Privatlebens teilen

eine Person in ihren historischen Kontext setzen

die gespielte Rolle/die Bedeutung der Person erklären/ erläutern

Biographical stories

(auto)biography/fictionalized biography

(private) diary

memoirs

epistolary novel

life story

family saga

portrait/self-portrait

to remember (recall)

to bear witness

to describe personality traits

to tell your life story

to narrate the key events in your life

to pass on personal experience

to share intimate moments of one's private life

to put a person back in their historical context

to explain the role played by/the importance of the person

A-Z for German B (published by Elemi)

D Die Übergangsriten

Die großen Lebensereignisse	Rites of passage
der Ritus	(religious) rite
das Initiationsritual	initiation ritual
die Taufe	baptism
die erste Kommunion	first (holy) communion
die Beschneidung	circumcision
die Bar Mitzvah/die Bat Mitzvah (ein jüdischer Ritus/Brauch, der gefeiert wird, wenn ein Jugendlicher mündig wird)	bar mitzvah/bat mitzvah (Jewish rite celebrating that an adolescent is accountable for his/her acts)
die Ehe/die Hochzeit	marriage/wedding
die Jugendweihe	a coming-of-age ceremony (mostly in Eastern Germany)
der erste Schultag/die Schuleinführung	first day of school
zur/in die Oberschule gehen	to go to secondary school
das Abitur/die Matura CH/A	baccalaureate
das Universitätsdiplom	diploma/degree
das erste Auto	first car
das Erwachsenwerden am 18. Geburtstag	coming of age at 18
der Militärdienst/Wehrdienst	military service
das erfolgreiche Bestehen des Abiturs/des IB	to pass the baccalaureate/the IB
abstimmen können	to be able to vote
den Führerschein machen/erhalten	to get your driving licence
einen Junggesellenabschied/Junggesellinnenabschied feiern	to have a stag night/hen night
in eine Gruppe aufgenommen werden	to be accepted into a group
einen Empfangstag (in einer Firma) haben	to have a welcome day (in a company)

Jeder feiert den Übergang in die Jugend oder in das Erwachsensein, je nachdem, wo er oder sie lebt und in welcher Kultur sie aufgewachsen sind.

Everyone celebrates their rite of passage into adolescence or adulthood according to where they live and the culture in which they grow up.

In traditionellen Gesellschaften markieren Übergangsriten, die oft brutal sind, den Übergang von den Teenagerjahren in das Erwachsenenleben.

In traditional societies, initiation rites that are often violent mark the transition from teenage to adulthood.

*In Deutschland erhalten Kinder, **die** zum ersten Mal zur Schule gehen, eine Schultüte oder Zuckertüte. Diese sieht aus wie ein großer Bonbon und enthält Süßigkeiten und Schulmaterialien.

In Germany, children **who** are going to school for the first time receive a gift called a school bag, which looks like a giant piece of candy and contains sweets and school supplies.

*Tätowierungen und Piercings, **die** für eine Gruppe als Übergangsritus angesehen werden, sind bei jungen Leuten populär.

Tattoos and piercings, **which** can be seen as rites of passage to a group, are popular among young people.

*Das Empty-Nest-Syndrom betrifft Eltern, **deren** Kinder das Haus verlassen, um an die Universität zu gehen oder um alleine zu leben.

'Empty Nest Syndrome' affects parents **whose** children leave home for university or to live alone.

E Bräuche und Traditionen

Familienfeste / Family celebrations

die (säkulare/religiöse) Feier	(secular/religious) celebration
der besondere Anlass/die Fete/Feier	special occasion/party
der Hochzeitstag	wedding anniversary
das (Weihnachts-/Geburtstags-/Hochzeits)geschenk	(Christmas/birthday/wedding) present
das Neujahrsgeschenk (Geld)	New Year's gift (money)
Heiligabend/Silvester	Christmas Eve/New Year's Eve
der Muttertag/der Vatertag	Mother's/Father's Day
die (Familien-/Verlobungs-/Hochzeits-)mahlzeit	(family/engagement/wedding) meal
die (standesamtliche) Hochzeit	(civil ceremony) wedding
die Hauseinweihung	housewarming party
die Feiern/Feste	celebrations/festivities
Feiern/zelebrieren/eine Party machen	to celebrate/have a party
eine (Hochzeits-/Geburts-)anzeige senden	to send a (wedding/birth) announcement
eine Glückwunschkarte senden	to send a greetings card
sich mit der Familie treffen	to get together with family
den Heiligabend/das Neue Jahr feiern	to celebrate Christmas Eve/New Year
sich verkleiden	to get dressed up
einen Aperitif trinken	to have a pre-dinner drink
was/einen trinken, einen heben	to have a drink
um Mitternacht Luftschlangen/Konfetti werfen	to throw streamers/confetti at midnight
sich (unter einem Mistelzweig) küssen	to kiss (underneath the mistletoe)
einander „Frohe Weihnachten"/„Fröhliches Neues Jahr"/ „Alles Gute zum Geburtstag" wünschen	to wish one another "Merry Christmas"/ "Happy New Year"/"Happy Birthday"

Meiner Meinung nach verstärken spezielle Anlässe die familiären Bindungen und Beziehungen zwischen den Generationen.

In my opinion, special occasions strengthen family and intergenerational ties.

Alle Gesellschaften neigen dazu, verschiedene Lebensübergänge mit der Familie zu feiern: Taufen, Kommunionen, Verlobungen, Hochzeiten, Beerdigungen.

All societies tend to celebrate different stages of life with family: baptisms, communions, engagements, weddings, and funerals.

Die meisten Menschen feiern religiöse Feste wie Ostern mit der Familie, egal ob sie daran glauben oder nicht.

Most people celebrate religious holidays such as Easter with family, whether they are believers or not.

*Weihnachten ist **eher** ein familiärer Anlass, nicht so wie Silvester, was viele mit Freunden feiern

Christmas is **more of** a family occasion than New Year's Eve, the latter being mostly celebrated with friends.

*Einige Menschen mögen Familienfeste nicht, weil **diese** bereits existierende Familienspannungen wiederbeleben oder verstärken können.

Some people do not like family reunions because **they** may reactivate or intensify existing family tensions.

*Unabhängig davon, was über längere und langweilige Familienessen gesagt wird, **sie** bieten eine Möglichkeit, wichtige Familienzeit miteinander zu verbringen und gemeinsame Werte zu teilen.

Regardless of what people say about long and boring family meals, **they** provide an opportunity to spend important moments together and to share common values.

*Diejenigen, die Familienfeste nicht mögen, erwähnen oft **die Tatsache, dass** sie zu kommerzialisiert geworden sind, wie Ostern oder der Muttertag.

Those who dislike family occasions often mention **the fact that** they have become too commercialized, such as Easter or Mother's Day.

A-Z for German B (published by Elemi)

(Öffentliche) Feiertage/Festtage

der öffentliche Feiertag	public holiday
der nationale Feiertag	National Day
das Feuerwerk	fireworks
der Tanz	dance
die Gedenkveranstaltung/das Gedenken	commemoration
der Stand/der Tisch (z. B. bei einer Schulveranstaltung)	stall/table (at a school event, for example)
auf einem Paradewagen fahren/tanzen	to parade on a decorated float
auf einen Jahrmarkt/auf die Kirmes/in einen Freizeitpark gehen	to go to a fun fair
den Tag der Arbeit/den Tag der Weltmusik feiern	to celebrate Labour Day/World Music Day
an einem Marsch/Karnevalsumzug teilnehmen	to attend a march/parade for carnival
das Gefühl des nationalen Zusammenhalts unterstützen	to foster a sense of national cohesion
Viele Menschen wollen auf Traditionen, wie die Fastenzeit oder den Karneval, nicht verzichten.	Many prefer not to miss traditions, such as Lent or Carnival.
Bei einigen Feierlichkeiten sollen Werte, wie z. B. Familie, Bildung, Arbeit und Patriotismus, zelebriert werden.	Some celebrations are intended to commemorate values, such as family, education, work and patriotism.
An Allerheiligen, so sagte man, kämen die Seelen der Toten aus dem Fegefeuer und würden sich bis zum Mittag des nächsten Tages an ihren alten Wohnplätzen aufhalten.	On All Souls' Day, it is said that the souls of the dead would come back from purgatory and they would stay around their old dwelling places until noon the next day.
Der Tag der Arbeit wird am 1. Mai gefeiert, mit Paraden und Schildern oder Slogans, die die Arbeitnehmerforderungen widerspiegeln.	Labour Day is celebrated on 1st May by parades and slogans or signs that reflect the demands of workers.
Am 1. August feiern die Schweizer ihren Bundesfeiertag, um der Gründung der Schweiz zu gedenken, und die Menschen zelebrieren, indem sie Fahnen von den Häusern hängen und Feuerwerke veranstalten.	On August 1st the Swiss people celebrate their national holiday in order to commemorate the foundation of the country and people celebrate by hanging flags from their homes and with fireworks.
Am 5. Dezember feiern die Österreicher den Krampustag, an dem eine Person, die als der Teufel verkleidet ist, die Kinder, die im letzten Jahr nicht artig waren, herumjagt.	On the 5th of December the Austrians celebrate the Krampus Day, a day when a person dressed as the devil chases children that have been bad in the past year.
*Am Tag der Deutschen Einheit wird die Wiedervereinigung Deutschlands gefeiert, ein Prozess, **der** die Deutsche Demokratische Republik (DDR) und die Bundesrepublik Deutschland (BRD) wieder zu einer Nation machte.	German Unity Day celebrates the reunification of Germany, a process **that** united the German Democratic Republic (GDR) with the Federal Republic of Germany into one nation once more.
*Die Love Parade war eine kostenlose jährliche Musikveranstaltung oder Rave, die 1989 in Berlin entstand und **bei der** die alternative Techno-Subkultur die Technomusik und die Akzeptanz der LGBTQ-Menschen feierte.	The Love Parade was a free annual music event or rave that originated in Berlin in 1989, and **at which** the alternative techno subculture celebrated techno music and the acceptance of LGBTQ people.

Erbe und Kultur

das architektonische/industrielle/historische/künstlerische/ländliche Erbe	architectural/industrial/historical/artistic/rural heritage
das Kulturerbe	cultural heritage
die Tage des lokalen Erbes	local heritage days
beliebte/kulinarische Künste und Traditionen	popular/culinary arts and traditions
die Handwerkskunst	craftsmanship
der Beginn der neuen Verlagssaison	start of the new publishing season
das Staatsarchiv	national archives
das denkmalgeschützte Monument	listed historical monument

das Filmfest Berlinale	Berlinale Film Festival
die Buchmesse/die Landwirtschaftsmesse/die Automobilausstellung	book fair/agricultural show/motor show
Konservierungsarbeit leisten	to do conservation work
(ein Meisterwerk) restaurieren	to restore (a masterpiece)
Schutzgebiete/Konservierungsstätten schützen	to protect conservation areas
das Image des Landes im Ausland stärken	to enhance the country's image abroad
Überbleibsel aus der Vergangenheit bewahren	to preserve vestiges of the past
das gemeinsame Gedächtnis einer Region/eines Landes bewahren	to preserve the collective memory of a region/country
Wien ist bekannt für sein intellektuelles Vermächtnis/Erbe, geprägt von seinen Einwohnern wie Mozart, Beethoven und Sigmund Freud.	Vienna is known for its intellectual legacy, shaped by residents like Mozart, Beethoven, and Sigmund Freud.
Es ist gleichermaßen wichtig, das immaterielle Kulturgut, wie Gastronomie oder Tanz, zu bewahren und zu feiern.	It is equally important to preserve and celebrate intangible cultural heritage, such as gastronomy or dance.
Wien ist auch berühmt für seine Kaiserpaläste, die uns an die Ära von Sissi, die geliebte Kaiserin Elisabeth von Österreich, erinnern.	Vienna is also known for its imperial palaces, which serve as a reminder of the era of Sissi, the beloved empress Elizabeth of Austria.
*Die Kreidefelsen auf der Insel Rügen **wurden** zu einem Naturwunder der Erde **erklärt**.	The chalk cliffs on the island of Rügen **were declared** one of the natural wonders of the world.
*Schloss Schönbrunn **wurde** 1996 zum UNESCO-Weltkulturerbe **erklärt/proklamiert**.	The Schönbrunn Palace **was proclaimed** a UNESCO World Cultural Heritage site in 1996.
*Viele der Kulturgüter der Menschheit **sind von** Klimawandel und Verschmutzung **bedroht**.	Many of humanity's cultural heritages **are threatened by** climate change and pollution.

A-Z for German B (published by Elemi)

F Die Migration

Ursachen der Einwanderung — Causes of immigration

der (Wirtschafts)Migrant/Einwanderer (der am übersiedeln ist)	(economic) migrant (in the process of migrating)
der Auswanderer (der das Land verlässt)	emigrant (leaving their country)
der Einwanderer (der sich in einem neuen Land niedergelassen hat)	immigrant (settled in a new country)
der Klimaflüchtling/politische Flüchtling	climate change refugee/political refugee
der Asylsuchende/Asylbewerber	asylum seeker
der illegale Zuwanderer/Einwanderer/Immigrant	illegal immigrant
der Zuwanderer/der ausländische Staatsangehörige/der Bürger	immigrant/foreign national/citizen
der Ausländer	foreigner
der Staatenlose	stateless person
der Auswanderer	expatriate/expat
der Weltnomade/der globale Nomade	global nomad
das Herkunftsland/das Heimatland	country of origin/homeland
das Asylland/die Wahlheimat	country of asylum/adoption
die Ausbürgerung	expatriation
die Aufenthaltsgenehmigung	residence permit
sein Land aus politischen/wirtschaftlichen/persönlichen/familiären Gründen verlassen	to leave your country for political/economic/personal/family reasons
vor Krieg/Konflikten fliehen	to flee a war/conflicts
vor Verfolgung/vollkommener Armut fliehen	to flee from persecution/from complete poverty
dem fast sicheren Tod entkommen/entgehen	to escape an almost certain death
Im Gegensatz zu Flüchtlingen, treffen die meisten Auswanderer die bewusste Entscheidung umzusiedeln und sich einen Traum zu erfüllen oder eine neue berufliche Arbeit zu verfolgen.	Unlike refugees, most expatriates make the deliberate choice to travel in order to pursue a dream or a job abroad.
Menschen sind schon immer von Land zu Land gezogen, aber die industrielle Revolution hat eine Massenwanderung herbeigeführt.	People have always moved from one country to another but the industrial revolution brought about mass migration.
*Viele Migranten verlassen ihr Land und suchen Arbeit, **um** ihren Kindern eine bessere Zukunft und bessere Lebensqualität **zu gewährleisten**.	Many migrants leave their countries and seek work **in order to ensure** a better future and a better quality of life for their children.
*__Um__ den weiteren Fachkräftemangel **zu verringern**, hat die deutsche Regierung neue Rechtsvorschriften angenommen, die es Ausländern mit bestimmten Qualifikationen ermöglichen, auf legalem Weg nach Deutschland zu kommen.	**To prevent** a continued shortage of skilled workers, the German government has introduced new legislation that allows foreigners with certain skills to move to Germany using legal channels.

Die Vorteile einer vielfältigen Gesellschaft — Benefits of a diverse society

die Multikulti-/multiethnische Gesellschaft	multicultural/multi-ethnic society
zu zwei Kulturen gehören	to belong to two cultures
die Vermischung der Kulturen/der Schmelztiegel	mixing of cultures/melting pot
die persönliche, soziale und kulturelle Bereicherung	personal, social and cultural enrichment
die junge und aktive Bevölkerung	young and active population
eine dynamischere Gesellschaft	a more dynamic society

der Anstieg von Mischehen und gemischten Paaren (Geschlecht und ethnische Gruppen)	increase in mixed marriages and mixed couples (gender and ethnic groups)
die steigende Zahl an gewählten Amtsträgern mit Migrationshintergrund	increasing number of elected officials from foreign backgrounds
es ermöglichen, den Verstand/den Geist zu öffnen und neugierig zu sein	to allow minds to open up and be curious
andere Denk- und Lebensweisen entdecken	to discover other ways of thinking and living
die Angst/Furcht vor dem Unbekannten ausrotten	to eradicate fears of the unknown
den Klischees und Stereotypen ein Ende setzen	to put an end to clichés and stereotypes
aus der Vermischung der Kulturen das Beste machen	to make the most of the mixing of cultures
die Einwanderung als Lösung für eine alternde Bevölkerung anwenden	to use immigration to solve the problems of an ageing population
Lebensweisen, Bräuche, Sprache und Werte jeder ethnischen Gruppe respektieren	to respect the way of life, customs, language, and values of each ethnic group
Die Einwanderer tragen mit ihrer Arbeit, ihrem Konsum und ihren Steuern zur Wirtschaftsentwicklung bei.	Immigrants contribute to the economy by working, consuming, and paying taxes.
Immigranten leisten manchmal Arbeit, die die Bewohner des Aufnahmelandes sich weigern zu tun.	Immigrants sometimes do tasks that the inhabitants of the host country refuse to do.
Das erfolgreiche Zusammenleben und die Überwindung sozialer Hindernisse können Extremismus und Fundamentalismus vermeiden.	Successful cohabitation and breaking down social barriers can avoid extremism and fundamentalism.
Eine kulturell vielfältige Gesellschaft fördert Toleranz, gegenseitige Achtung und Gleichheit aller Menschen.	A culturally diverse society promotes tolerance, respect for others, and equality among all.
*Ich bin der Ansicht, dass die Integration in die Gesellschaft des Landes, in dem man lebt nicht heißen sollte, dass man seine Wurzeln vergisst.	**I believe that** integrating into the society of the country in which you live should not mean forgetting your origins.
*Ich bleibe dabei, dass eine Gesellschaft, in der Minderheiten ihre kulturelle Identitäten behalten können, harmonischer und ausgewogener ist.	**I maintain that** a society in which minorities can retain their cultural identity is more harmonious and balanced.
*Ich bin absolut davon überzeugt, dass die Vorteile einer multikulturellen Gesellschaft bei Weitem die Nachteile überwiegen.	**I am absolutely convinced that** the advantages of a multicultural society far outweigh the disadvantages.

Probleme aus Sicht der Einwanderer / Problems from a migrant perspective

der illegale Handel	illegal trafficking
das Internierungslager	detention camps
der Kulturschock	culture shock
der Rassismus/der Rassenhass/der Fremdenhass	racism/racial hatred/xenophobia
die Polizeischikane	police harassment
die Ablehnung/der Ausschluss/die Marginalisierung	rejection/exclusion/marginalization
ungleiche Chancen für ethnische Minderheiten	unequal opportunities for ethnic minorities
die Segregation/Trennung im täglichen Leben	segregation in everyday life
der Weg voller Fallstricke	path full of pitfalls
Schmugglern Wuchersummen von Geld zahlen	to pay smugglers extortionate sums of money
das Meer auf provisorischen Booten überqueren	to cross the sea in makeshift boats
alles neu erlernen müssen	to have to relearn everything
Kodexe/Codes des neuen Landes lernen	to learn the codes of the new country
mit Vorurteilen umgehen müssen	to have to deal with prejudices
zu Sündenböcken werden	to become scapegoats

in problematischen Nachbarschaften leben müssen	to have to live in problem neighbourhoods
die absolute Hölle durchleben	to live through absolute hell
arbeiten, ohne gemeldet zu sein	to work without being registered
Die Einwanderer, sogar diejenigen der zweiten oder dritten Generation, sind oft Rassendiskriminierung ausgesetzt.	Immigrants, even second or third generation immigrants, often face racial discrimination.
Einige Stadtrandsiedlungen können regelrechte Ghettos sein, wo sich viele Jugendliche mit Migrationshintergrund ausgeschlossen fühlen.	Some suburban estates can be real ghettos where many young people from an immigrant background feel excluded.

Probleme aus Sicht der Einheimischen / Problems from the perspective of the native population

die Migrationskrise/Migrantenkrise	migration crisis
die illegale Einwanderung	illegal immigration
die illegalen Einwanderer	illegal immigrants
die Existenz eines Klimas der Unsicherheit/des Misstrauens	existence of a climate of insecurity/mistrust
die Gesellschaft, die in Gemeinschaften gespalten ist	society split into communities
eine Bedrohung für den sozialen Frieden, die Werte und die Lebensweise der einheimischen Bevölkerung darstellen	to pose a threat to social peace, the values and the way of life of the local population
seine nationale Identität schützen müssen	to have to protect one's national identity
Einige Menschen sind davon überzeugt, dass Einwanderer den Einheimischen die Arbeit und Sozialleistungen wegnehmen.	Some people are convinced that immigrants take the work and social benefits of the local people.

Mögliche Lösungen / Possible solutions

Eine nationale sicherheitsrelevante Diskussion / A national security-related discourse

zurück zur Grenze begleiten	escort(ing) back to the border
die Ausweisung/die Abschiebung/die Deportation/die Rückführung	expulsion/deportation/repatriation
deine Staatsbürgerschaft verlieren	to lose your nationality
die selektive Einwanderung	selective immigration
Quoten einführen	to impose quotas
mit illegaler Einwanderung strenger werden/härter durchgreifen	to get tougher on illegal immigration
den Migrantenstrom eindämmen	to stem the flow of migration
von Einwanderern verlangen, dass sie sich anpassen anstatt ihre Integration zu fördern	to demand from immigrants that they assimilate rather than encouraging their integration
Einige rechts orientierte politische Parteien setzen sich für die Schließung der Grenzen für alle außer hochqualifizierten Menschen ein.	Some political parties of the right are advocating for the closing of the borders to all apart from highly-qualified people.

Eine Politik, die Migranten willkommen heißt und sie integriert / A policy of welcoming and integrating migrants

die Bewegungsfreihei/die Reisefreiheit	freedom of movement
die Regulierung illegaler Erwanderer	regulation of illegal immigrants
die positive Diskriminierung bei der Rekrutierung	positive discrimination when recruiting
das Recht zu wählen erhalten	to gain the right to vote
die Staatsangehörigkeit erwerben	to acquire citizenship
Grundsatz des sozialen Zusammenhalts	social cohesion policy
Deutschunterricht anbieten	to offer German language classes
die Ausgrenzung verhindern	to prevent exclusion

die Vielfalt und das interkulturelle Verständnis durch Multikulti-Initiativen fördern	to promote diversity and intercultural understanding through multicultural initiatives
Intoleranz verurteilen	to denounce intolerance
Einwanderung ist in politischen Debatten seit vielen Jahren ein zentrales Thema, wobei ständig das Dilemma zwischen Menschlichkeit und Nationalismus besteht.	Immigration has been a central issue in political debates for many years, with a constant dilemma between humanity and nationalism
Das Zusammenleben zwischen Gemeinschaften verschiedener Herkünfte und Kulturen ist eine Herausforderung und ein Anliegen der Demokratie.	Cohabitation between communities of different origins and cultures is a challenge and a concern for democracy.
Die Ursachen für die Einwanderung in Europa sind: politische Konflikte, soziale Ungleichheit, Gewalt, Bildungsbenachteiligung und Mangel an Chancen und Möglichkeiten.	The causes of immigration to Europe are: political conflicts, social inequality, violence, educational deprivation, and the absence of opportunity.
*Rassismus kann eingedämmt werden **so lange** es Gesetze gibt, die die Anstiftung zum Rassenhass bestrafen.	Racism can be contained **as long as** there are laws that punish any incitement to racial hatred.
*Die Einwanderung wird sich nicht verringern, **es sei denn**, der weltweite Wohlstand wird besser verteilt und es erfolgen Investitionen, um die Lebensbedingungen in armen Ländern zu verbessern.	Migration will not decrease **unless** wealth is better distributed and investments are made to improve living conditions in poor countries.

A-Z for German B (published by Elemi)

Menschliche Erfindungsgabe

A Unterhaltungsangebote

siehe 2 A

Gutes über die Unterhaltung … | Good things about entertainment …

angenehme Freizeitaktivitäten	enjoyable leisure activities
die Genussquelle	source of pleasure
die Flucht vor der Realität	escape from reality
große Auswahl an Fernsehsendungen	large choice of TV programmes
zeitversetztes Fernsehen	catch-up television
sich entspannen	to relax
sich kundig machen/seine Kultur verbessern	to educate yourself/improve your culture
gegen die Langeweile kämpfen	to fight against boredom
seine Fantasie anregen	to stimulate your imagination
sich öffnen (+Dat)/die Außenwelt entdecken	to open up to/to discover the outside world

Videospiele bieten die Gelegenheit für neue Erlebnisse, die im richtigen Leben nicht möglich sind.

Video games offer the opportunity to experience new sensations that are not possible in real life.

Der Bildungswert von virtuellen Führungen, die auf Websites von Museen angeboten werden, ist unbestreitbar.

The educational value of virtual tours, possible on museum websites, is undeniable.

*Jede Ära und jede Gesellschaft hat ihre eigenen Formen der Unterhaltung, **weil** Unterhaltung ein universelles Bedürfnis und ein Merkmal jeder Kultur ist.

Each era and each society has its own forms of entertainment, **because** entertaining yourself is a universal need and a feature of each culture.

*Wenn einheimische Subkulturen und entlegene Gebiete sichtbarer und unterhaltsamer für die Kultur insgesamt geworden sind, **dann ist das darauf zurückzuführen**, dass die sozialen Medien Einzug gehalten haben und zugänglich sind.

If the indigenous subcultures and remote areas have become more visible and entertaining to the culture at large, **it is due to** the onset of and access to social media.

… und weniger Gutes | … and the not so good things

die Massenkultur/Massenunterhaltung	mass culture/entertainment
die Sucht/die Abhängigkeit (von Bildschirmen/Fernsehserien/sozialen Netzwerken)	addiction (to screens/series/social networks)
die Normalisierung von Vulgarität/Gewalt	normalization of vulgarity/violence
der Mangel an geistiger Anstrengung	lack of mental effort
Faulheit ermutigen	to encourage laziness
Gehirnwäsche (für kommerzielle Zwecke)	to manipulate minds (for commercial purposes)

Fernsehsendungen können oberflächlich/uninteressant/informativ/unterhaltsam/langweilig/witzig/manipulativ/nutzlos sein.

TV shows can be superficial/devoid of any interest/informative/entertaining/boring/funny/manipulative/useless.

Die Technologie erlaubt es dir, zwischen verschiedenen Aktivitäten zu wechseln, was die Konzentration stört.

Technology allows you to switch between different activities, which affects concentration.

*Einige Videospiele sind gefährlich und schädlich für die psychische Gesundheit, weil sie betäuben und **auch** gewalttätig sind.

Some video games are dangerous and detrimental to mental health, because they are mind-numbing and **also** violent.

*Reality-TV fördert Voyeurismus, Individualismus **und sogar** Erniedrigung, weil Gehässigkeit normalisiert wird und die Schwächsten ausgeschlossen werden.

Reality TV often promotes voyeurism, individualism, **or even** humiliation, by normalizing nastiness and the elimination of the weakest.

*Mit sozialen Netzwerken wird Unterhaltung immer mehr zur Ablenkung **und** führt **überdies** zur Sucht.

With social networks, entertainment is increasingly becoming a distraction, **and even** an addiction.

Reality-TV: Was soll man davon halten?

es entspannt mich/es bringt mich zum Lachen

es berührt mich/es bewegt mich

es fasziniert mich

es interessiert mich nicht/ich bin gelangweilt/
es langweilt mich

es ärgert mich/es stört mich/es macht mich krank

Fernsehsendungen

Fernsehsendungen bringen ein breites Spektrum von Zuschauern zusammen und fördern den Kontakt zwischen Personen, wenn diese darüber sprechen.

Du kannst nicht anders, als mehrere Folgen/eine ganze TV-Serie komaglotzen.

*Einige Fernsehserien spiegeln die Schwierigkeiten des täglichen Lebens wider und sind **dessen** beliebteste kulturelle Ausdrucksform.

*Fernsehserien werden mit Cliffhangern gestaltet, um die Zuschauer, die bereits **danach** süchtig sind, noch abhängiger zu machen.

Reality-TV

Diese Programme sprechen viele soziale Probleme an, um sie der Öffentlichkeit bekanntzumachen.

Reality-TV kann uns etwas über die Natur des Menschen vermitteln und uns helfen, unsere Erfahrungen zu erweitern.

Reality-TV-Sendungen sind dazu bestimmt, die Kandidaten lächerlich zu machen; sie werden schnell langweilig.

Reality-Fernsehen ist entwürdigend und sollte streng kontrolliert werden, weil es die geistige Gesundheit der Teilnehmer und Zuschauer beeinträchtigen kann.

*Während eines Talentwettbewerbs kann **jedermann** hoffen, für einen Moment lang berühmt zu sein. Dies ist nicht mehr nur der Elite vorbehalten.

*Teilnehmer solcher Sendungen können aufgefordert werden, **irgendetwas** zu erfüllen, das oft grausam, demütigend oder entwürdigend ist.

*Nichts an einer Reality-TV-Sendung ist real und viele Dinge sind inszeniert, damit um **jeden** Preis Rekord-Zuschauerzahlen erreicht werden.

Reality TV: what to think of it?

it relaxes me/it makes me laugh

it touches me/it moves me

it captivates me/it fascinates me

it doesn't interest me/I'm bored/it bores me

it annoys me/it bothers me/it sickens me

TV shows

TV shows bring together a wide range of audiences and encourage contact between people who discuss them.

You can't help binge-watching several episodes/
a whole series.

Some series reflect the difficulty of daily life and are **its** most popular cultural form of expression.

Series are designed to have cliffhangers, to hook the viewers, who get addicted **to them** even more.

Reality TV

These programmes address many social issues in order to make them known to the general public.

Reality TV can teach us about human nature and help us to broaden our experience.

Reality shows are meant to make the candidates look ridiculous, and they quickly become mind-numbing.

Reality TV is degrading and should be strictly controlled, since it can be damaging to the mental health of participants and viewers.

During a talent show, **anyone** can hope to achieve a moment of fame. The fame is then no longer reserved for an elite.

Participants in such shows can be asked to perform **anything**, which may often be cruel, humiliating or degrading.

Nothing is real in a reality show and many things are staged to break audience records at **any** cost.

3 Menschliche Erfindungsgabe

B Künstlerischer Ausdruck

Verschiedene Kunstformen	Different art forms
die Zeichnung/das Zeichnen	drawing
das Gemälde/das Malen	painting
die Skulptur	sculpture
die Architektur	architecture
die Musik	music
klassischer/moderner Tanz	classical/modern dance
der Pantomime *(person)*/die Pantomime *(performance)*	mime
das Theater	theatre
die Poesie/die Dichtkunst	poetry
die Literatur	literature
die bildenden Künste	fine arts
die plastischen/bildenden/dekorativen/Medien-/kulinarischen/darstellenden Künste	plastic/visual/decorative/media/culinary/performing arts
die Opernkunst/die Oper	operatic art/opera
die klassische/moderne/zeitgenössische/figurative/abstrakte Kunst	classical/modern/contemporary/figurative/abstract art
die Straßenkunst/die Urban Art/die ephemere Kunst	street/urban/ephemeral art
das Geschichtenerzählen/die mündliche Tradition	storytelling/oral tradition
das Fälschen (die Fälschung)/der Fälscher	counterfeiting (forgery)/forger
Teil eines Genre/eines Trends/einer künstlerischen Bewegung sein	to be part of a genre/trend/artistic movement
genießen/schätzen/ein Musikliebhaber sein/sich für Sport begeistern	to appreciate/be a music lover/be a sports enthusiast
finanzieren/subventionieren	to fund/subsidize

Die Kunst ist ein Spiegelbild des Unterbewusstseins des Künstlers und die Folge von Inspiration und Fachwissen.

Art is a reflection of the artist's unconscious mind and the result of inspiration and know-how.

Künstler suchen nach neuen Ausdrucksweisen, die mit der Zeit mitgehen, wie z. B. digitale Installationen aus dem 21. Jahrhundert.

Artists are seeking new modes of expression that are in step with their times, such as 21st-century digital installations.

Der Deutsche Filmpreis, auch als Lola bezeichnet, wird seit 1951 verliehen und gilt als die renommierteste Auszeichnung für den deutschen Film.

The German Film Award, also known as Lola, has been awarded since 1951 and is the most prestigious award for German film.

***Manche Menschen sind der Ansicht, dass** man sich für die große Kunst künstlerische Techniken aneignen muss, wie z.B. für die Oper. Im Gegensatz dazu sei das bei Kleinkunst (Popmusik z. B.) nicht nötig.

Some argue that major arts such as opera require training in artistic techniques, unlike a minor art, such as pop music.

***Einige behaupten, dass** Graffiti populäre Kunst und kein Vandalismus sei.

Some maintain that graffiti is popular art and not an act of vandalism.

***Viele betonen,** es sei eine philosophische Frage herauszufinden, was Kunst eigentlich ist. Daher würde darüber auch immer diskutiert werden, weil es keine Einigung über die Kriterien von Kunst gibt.

Many emphasize that knowing what art really is, is a philosophical issue. It will always be debated as there's no consensus on the criteria for art.

Über ein Kunstwerk sprechen — Talking about a work of art

das Meisterwerk/Meisterstück	masterpiece
die Inszenierung (die Produktion/die Regie)/die Einrahmung/die Beleuchtung/die Redaktion/die Komposition	staging (production/direction)/framing/lighting/editing/composition
Auswahl von Figuren/Farben/Genres/Darstellern	choice of shapes/colours/genre/actors
Entscheidungen des Schriftstellers/des Regisseurs/des Filmregisseurs/des Dirigenten/des Choreografen	choices made by the author/stage director/film director/conductor/choreographer
das Künstlerleben/die Biographie des Künstlers	artist's life/biography
das Datum der Werkschöpfung	date of creation of the work
der historische Zusammenhang	historical context
die Inspirations(quelle)	(source of) inspiration
das Thema	subject/topic/theme
der Ansatz des Verfassers/des Künstlers	author's/artist's approach
die Bedeutung/die Botschaft des Werkes	meaning/message of the work
die Reaktion des Publikums/der Kritiker	reaction of the audience/critics
kulturelle Bezüge	cultural references
der Einfluss eines Werkes	impact/influence of a work
die Bedeutung eines Werkes in der Kunstgeschichte	importance of a work in art history
einen persönlichen/erkennbaren/innovativen Stil haben	to have a personal/recognizable/innovative style
einer Kunstbewegung/einem Trend angehören	to belong to an artistic movement/trend
repräsentieren/symbolisieren	to represent/symbolize
das Publikum/den Zuschauer bewegen	to move the audience/viewer
sich (mit) identifizieren	to identify (with)
ausdrücken, was man von einem Werk hält	to express what one feels about the work
Es ist wunderbar! Es ist atemberaubend! Es ist toll!	It's wonderful! It's breathtaking! It's great!
Es ist nichts Besonderes. Ich war nicht sehr beeindruckt. Ich bin nicht verrückt danach.	It's nothing special. I wasn't hugely impressed. I'm not crazy about it.
Das ist Unsinn. Es ist Zeitvergeudung. Es ist ein Reinfall. Es ist Müll.	It's rubbish. It's a waste of time. It's a dud. (*about a film*) It's garbage. (*about a painting*)
*Was mir auffällt/Was mich bewegt/an diesem Werk berührt, ist **nicht nur** seine Ästhetik, **sondern auch** sein Symbolismus.	What strikes me/What moves me in this work is **not only** its aesthetics **but also** its symbolism.
*Es sind **nicht nur** die stilistischen Eigenschaften des Werkes, die uns dazu bringen, darauf zu reagieren, **sondern auch** unsere eigenen Emotionen und Erfahrungen.	It is **not just** the stylistic qualities of the work that make us react to it **but also** our own emotions and experience.
*Der Wert eines Kunstwerks wird **gleichzeitig** von seiner Qualität, seiner Originalität und dem Ansehen und des Talents des Künstlers bestimmt.	The value of a work is determined **simultaneously** by its quality, its originality, and its artist's reputation and talent.

Was ist der Zweck der Kunst? — What is the purpose of art?

das einmalige Gefühl/die tiefen Gefühle	unique emotion/deep feeling
ein Fluchtmoment/ein Moment der inneren Ruhe	moment of escape/inner peace
die Betrachtungsweise/Sichtweise auf die Welt	way of looking at the world
das Produkt der kommerziellen Spekulation	product of commercial speculation
politisch wache Kunst/die Protestkunst/die subversive Kunst	politically aware/protest/subversive art
ein Gefühl wecken/eine Reaktion hervorrufen	to arouse an emotion/to cause a reaction

A-Z for German B (published by Elemi)

Menschliche Erfindungsgabe 3

die Welt/das Leben auf eine andere Weise zeigen	to show the world/life in a different way
sich ausdrücken/tiefe Gefühle ausdrücken	to express yourself/to express a deep feeling
Schönheit/Schönes schaffen	to create beauty
seiner Fantasie freien Lauf lassen	to let your imagination run wild
die Fantasie des Publikums anregen/gewinnen	to capture the public's imagination
alle unsere Sinne ansprechen	to call upon all our senses
eine Person/einen Ort/die Zeit/die Geschichte ehren/würdigen	to honour a person/place/time/history
die Werte stärken/festigen	to strengthen values
die Kultur des Landes bereichern	to enrich the country's culture
zum Kulturgut beitragen	to contribute to the cultural heritage
ein Zeuge des Zeitalters sein/ein Augenzeuge sein	to be the witness of an era/to be an eyewitness
ein Zeitalter/eine Ära widerspiegeln/hervorrufen	to reflect/evoke an era
zum Träumen bringen/zum Nachdenken anregen	to make you dream/think
eine Nachricht/eine Botschaft/eine Idee/eine Vision übermitteln	to convey a message/an idea/a vision
(sich) von den gängigen Normen distanzieren/herausragen	to distance yourself from established codes/to stand out
die Traditionen/die Normen anprangern/ablehnen/übertreten	to denounce/reject/transgress norms/traditions
provozieren/schockieren/empören	to provoke/shock/scandalize
Kunstwerke lehren viel über die Weltanschauung der Menschen zu einem bestimmten Zeitpunkt.	Works of art teach us a lot about a people's world view at a given time.
Protestkunst, wie zum Beispiel Karikatur oder Satire, kann zensiert werden.	Protest art, such as caricature or satire, can be censored.
Ein Kunststück könnte im täglichen Leben nutzlos sein, aber es ist wichtig für die Menschheit.	A work of art may be of no use in our daily lives, but it is essential to our humanity.
*Die Kunst repräsentiert nicht die Realität, sondern die Gefühle im Verhältnis zu dieser Realität; **oder anders ausgedrückt**, sie hilft uns, die Realität mit den Augen eines Künstlers zu sehen.	Art does not represent reality but expresses an emotion in relation to that reality; **in other words**, it helps us to see reality through the eye of the artist.
*In den Händen von Privatsammlern und Kunsthändlern sind Kunstwerke Finanzinvestitionen, **das heißt,** sie werden aus Profitgier gekauft.	In the hands of private collectors and art dealers, works are financial investments, **meaning** they are purchased purely for profit.
*Neue Künstler teilen ihre Werke auf Facebook oder Instagram, **da** die sozialen Medien eine neue Art der Verbindung von Kunst mit dem Publikum gewähren.	New artists share their works through Facebook or Instagram, **because** social media grants a new way of connecting art to its audience.

C Kommunikation und Medien

Traditionelle Medien | Traditional media

die Printmedien	print media
die Tageszeitung/Regionalzeitung/satirische/Boulevardzeitung	daily/regional/satirical/tabloid newspaper
die Sport-/Frauen-/Prominenten-Zeitschrift	sports/women's/celebrity magazine
die wöchentliche/monatliche/zweimonatliche Rundschau	weekly/monthly/bi-monthly review
eine Publikation, die am Kiosk erhältlich ist	a publication available on newsstands
der (lokale) Radiosender	(local) radio (station)
der öffentliche/private/online verfügbare Infokanal	(public/private/online) information channel
die Nachrichten im Fernsehen	news on television
die Leser/Zuhörer/Zuschauer	readers/listeners/viewers
die Kolumne/der Leitartikel/der Artikel/der Bericht	column/editorial/feature/chronicle
die Leserbriefe/die Nachricht des Tages	readers' letters/ news items of the day
die Sonderausgabe/das Sonderheft	special edition/special issue
die Programmzeitschriften	TV listings
die Live-Sendung/die zeitversetzte Sendung/die Catch-Up Sendung	live/pre-recorded/catch-up programme
der Journalist/der Reporter/der (Chef)Redakteur/der Moderator	journalist/reporter/editor (in chief)/presenter/host
sich auf dem neusten Stand halten	to keep up-to-date (informed)
abonnieren	to subscribe/to take out a subscription to
durchblättern	to flip through
die Schlagzeilen überfliegen	to skim the headlines
erscheinen/veröffentlicht werden	to appear, to be published
es auf die Titelseite (der Zeitung) schaffen	to make the front page (of the newspaper)
einen Artikel schreiben	to write an article
das Gespräch/die Diskussion moderieren	to chair a debate
übertragen werden	to be broadcast
zur besten Sendezeit/zur Prime Time übertragen werden	to be on at prime time
Viele Radiosender haben eine App und die Menschen hören die Programme auf digitalen Plattformen.	Many radio stations have an app and people listen to programmes on digital platforms.
Die meisten Massenmedien haben eine Webseite, wo man die Nachrichten lesen kann.	Most mainstream media have a website where you can read the news.
*Alle erkennen an, dass die traditionellen Medien wahrscheinlich verschwinden werden, weil sie den Bedarf der neuen Generationen nicht mehr decken.	**Everyone tends to agree that** traditional media are likely to disappear because they no longer meet the needs of new generations.
*Es ist allgemein bekannt, dass Jugendliche sich von den traditionellen Informationsquellen abwenden und stattdessen soziale Netzwerke nutzen.	**It is generally accepted that** young people are turning away from traditional sources of information in favour of social networks.

Das Internet und die sozialen Netzwerke | Internet and social networks

das Smart TV/intelligente Fernsehen	smart TV
Video-on-Demand/der Film auf Abruf	video-on-demand
das Streaming	streaming
der Podcast	podcast
online quatschen (fam)/ chatten	chatting online
der/das Blog	blog
der (gesponserte) Blogeintrag	(sponsored) blog post
der Blogger/YouTuber	blogger/YouTuber
der Digital Native	digital native
eine Nachricht/Inhalte posten/hinterlassen	to post a message/content
viral werden	to go viral
am Produzieren von Inhalten teilnehmen	to take part in producing content
seinen Senf dazugeben (id)	to put in your two pennyworth/two cents
sich informieren/(mit etwas) Schritt halten	to keep informed/to keep up (with something)
Ohne soziale Netzwerke fühlst du dich schnell ausgeschlossen.	Without social networks, you quickly feel left out.
Deutschland ist der größte Nutzer von sozialen Netzwerken Europas, mit einer durchschnittlichen Bildschirmzeit von mehr als 200 Minuten pro Tag.	Germany is the largest user of social networks in Europe and the average daily screen time is over 200 minutes a day.
Die Hauptinternetnutzung besteht darin, Inhalte auf sozialen Netzwerkplattformen zu teilen.	The main use of the internet is sharing (content) on social network platforms.
Soziale Netzwerke haben neue Lesegewohnheiten und neue Arten des Informationskonsums geschaffen.	Social networks have created new reading habits and new ways of consuming information.
*Smartphones, **die** von fast 95% der 15–34-Jährigen genutzt werden, haben das Fernsehen bei jungen Leuten abgeschafft.	Smartphones – **which** almost 95% of 15–34 year-olds use – have brought an end to television watching among young people.
*Das Internet macht es einfacher, Informationen zu finden, sich auszudrücken und zu kommunizieren, **aber es birgt auch** Risiken, wie unangemessene Inhalte und Cyber-Mobbing/Stalking.	The internet makes it easier to get information, express oneself and communicate, **but it also presents** risks, such as inappropriate content and cyber-bullying/stalking.
*Die traditionellen Medien, wie Zeitungen, bleiben ziemlich teuer, **unterdessen** ist der Zugang zu Informationen auf sozialen Netzwerken gratis.	Traditional media such as newspapers remain quite expensive, **meanwhile** access to information on social networks is free.
*In Zeitungen sind Informationen langsam und nicht interaktiv, **während** sie in Netzwerken zeitnah und partizipatorisch sind.	In newspapers, information is slow-moving and not interactive; **whilst** on networks it is immediate and participative.
***Laut** verschiedenen Studien hat jede Onlinenutzerplattform ihre bestimmte Zielgruppe. Instagramnutzer haben ein Durchschnittsalter von 35 Jahren, das Durchschnittsalter von Facebooknutzern ist ein bisschen höher.	**According to** several studies, each online user platform has a very specific audience. Instagram users have an average age of 35 years, the average age of Facebook users is slightly older.

Nachrichten oder Fake News? | News or fake news?

die Fehlinformation/die falschen Informationen/die Fake News	misinformation/false information/fake news
die Pressefreiheit/die Redefreiheit	freedom of the press/freedom of speech
die Pflicht zur Unparteilichkeit/Objektivität	duty of impartiality/objectivity
voreingenommene Medien	media bias
die Propaganda	propaganda

3 Menschliche Erfindungsgabe

die Bewusstseinsmanipulierung	manipulation of minds
die Zensur/die Selbstzensur	censorship/self-censorship
die Political Correctness	political correctness
sein kritisches Denken stärken	to strengthen your critical thinking skills
wissen, wie man die Nachrichten/Bilder entschlüsselt	to know how to decode the news/images
die Validität und die Zuverlässigkeit beurteilen	to assess the validity and reliability of the information
die Informationsquellen überprüfen	to check the sources of information
Cross-Search/übergreifende Suche mit einer Suchmaschine machen	to do cross-searches in a search engine
lernen, Medieninhalte zu analysieren, um zu sehen, ob sie zuverlässig sind	to learn to analyse media content to see if it is reliable
Informationen und Meinungen auseinander halten können	to be able to tell the difference between information and opinion
zwischen wahr und falsch unterscheiden	to distinguish between what is true and false
es vermeiden, unmittelbar auf aktuelle Themen zu reagieren	to avoid reacting instantly to current affairs
sich für Analyse und Überlegung Zeit geben	to give yourself time for analysis and reflection
seine eigene Meinung bilden	to form your own opinion
Du solltest nur vertrauenswürdige Mitteilungen/Botschaften auf deinen Netzwerken teilen/weiterleiten.	You should only share/relay trustworthy messages on your networks.
Gerüchte können sich leicht auf Foren und sozialen Netzwerken verbreiten, weil ihre Verfasser anonym bleiben können.	Rumours spread easily on forums and social networks because their authors can remain anonymous.
Die „Regenbogenpresse" („der Boulevardjournalismus") will Ausrufezeichen setzen mit irreführenden Schlagzeilen, auffälligen Nachrichten und retuschierten Fotos.	'Yellow journalism' ('tabloid journalism') aims to make a splash with misleading headlines, flashy news items and touched-up photos.
Das Leben der Prominenten bringt Zeitungen und Zeitschriften hohe Verkaufszahlen und einige Fernsehprogramme sichern sich damit große Zuschauerzahlen.	The lives of celebrities sell many newspapers and magazines and they ensure large audiences for some television programs.
***Um nicht** für dumm verkauft **zu werden**, muss man vorsichtig sein mit griffigen Titeln und Inhalten, die dazu anregen sollen, diese Nachrichten auf großen Plattformen zu teilen.	**To avoid being** fooled, one must be wary of catchy titles and contents that encourage sharing on major platforms.
*Es ist sehr einfach, in einer geschlossenen Medien-Blase, die unsere Ansichten verstärkt, zu existieren und anderer Meinungen überhaupt **nicht gewahr zu werden**.	It is very easy to exist in a sealed media bubble which reinforces our beliefs and **not to be** at all **aware** of different opinions.
*Schockierende oder illegale Inhalte müssen gemeldet werden, um sie vor der viralen Verbreitung im Web **zu stoppen**.	Shocking or illegal content must be reported **to stop** it from going viral on the web.

A-Z for German B (published by Elemi)

D Technologie

Technologie im täglichen Leben | Technology in everyday life

das Instrument/das Werkzeug	tool
das Haushaltsgerät	household appliance
der Mikrochip	microchip
der Computer	computer
die Software	software
der Touch-Screen-Monitor	touch-screen monitor
der 3D-Drucker	3D printer
das Handy/das Natel (CH)	mobile/cell phone
das Elektroauto/das fahrerlose Auto	electric/driverless car
das Smart Home/die intelligente Haustechnik/das vernetzte Zuhause	smart/connected home
IKT (Informations- und Kommunikationstechnologien)	ICT (information and communication technology)
die künstliche Intelligenz	artificial intelligence/AI
der Techniknarr/Technikbegeisterte, der Technikfeind/Technikscheue	technophile, technophobe
den Alltag vereinfachen	to facilitate/simplify everyday life
die Lebensbedingungen/Arbeitsbedingungen verbessern	to improve living and working conditions
Haushaltsaufgaben/wiederholende Bewegungsabläufe automatisieren	to automate household tasks/repetitive work
menschliche Anstrengungen reduzieren	to reduce human effort
Zeit sparen	to save time
ein integraler Bestandteil des Alltags sein	to be an integral part of everyday life
Meiner Ansicht nach sind Strom und Internet die Erfindungen, die die größte Auswirkung auf den Alltag der Menschen gehabt haben.	In my opinion, electricity and the internet are the inventions that have had the greatest impact on people's daily lives.
Von nun an ist es schwierig, sich vorzustellen, ohne Technologie leben zu können.	From now on, it is hard to imagine being able to live without technology.
Neue Technologien nehmen immer mehr Raum in unserem täglichen Leben ein – sei es im Guten wie im Schlechten …	New technologies occupy more and more space in our daily lives – for better or for worse …
Ein ständig wachsendes Angebot von innovativen Gegenständen, gepaart mit eingebauter Überalterung, schaffen den Teufelskreis des Konsums.	An ever-increasing supply of innovative objects and built-in obsolescence create a vicious circle of consumption.
*Wie innovative Technologien unsere Existenz beeinflussen werden, ist ungewiss. Ich hoffe, sie werden umweltfreundlich sein.	How technological innovations will influence our existence in the future is uncertain. I hope they will be environmentally friendly.
*Modernste Technologien symbolisieren die Modernität und den Fortschritt. Hoffentlich werden sie nicht zu gesundheitsschädlichen Nutzungen führen.	State-of-the-art technologies symbolize modernity and progress. Let's hope they will not move towards uses harmful to man.
*Es bleibt zu hoffen, dass die Zukunftstechnologie entwickelt wird, um die Umwelt zu schonen und dass sie zu einem weniger umweltbelastenden Bestandteil unseres Lebens wird.	Let's hope that future technology is developed to take care of the environment, and that it is a less polluting part.

Die Vorteile einer vernetzten Welt | The benefits of a connected world

das Internet/das Web	internet/web
die Wlan-Verbindung	wifi connection/wifi
der Dienstleister/der Zugangsanbieter	service/access provider
die Suchmaschine	search engine
die Messagingdienste/Nachrichtendienste	messaging service
das Online Shopping/der Online-Einkauf	online shopping
der elektronische Geschäftsverkehr	e-commerce
der Online-Unterricht/der Fernunterricht	online/distance learning
die Webkonferenz/das Webseminar	web conference/webinar
Musik/Videos/Filme herunterladen	to download music/videos/films
auf vielerlei Informationen unmittelbaren und kostenlosen Zugriff haben	to have access to all kinds of information instantly and free of charge
überall und jederzeit erreichbar sein	to be reachable anywhere, anytime
mit Freunden und Familie kommunizieren und in Kontakt bleiben	to communicate and stay in touch with friends and family
die Technologie klug anwenden	to use technology wisely
Das Internet erlaubt es dir, ein virtuelles Netzwerk von Menschen zu schaffen, die die gleichen Interessen haben.	The internet allows you to create a virtual network of people who share the same interests.
Auch wenn du allein bist, kannst du dich mit anderen in Foren treffen und über soziale Netzwerke verbinden.	Even in isolation, you can connect with others through forums or social networks.
Internetzugang zu haben bedeutet, dass man Zugang zur ganzen Welt hat und dass man Teil des „globalen Dorfes/Village" ist.	Being connected to the internet means having access to the whole world and being part of the 'global village'.
Das Internet kann die Umwelt schützen, indem es die Nutzung von umweltverschmutzenden Verkehrsmitteln reduziert.	The internet can protect the environment by reducing the use of polluting means of transport.
*Das Internet ermöglicht Arbeiten von zu Hause aus und auch andere Dinge, **wie etwa** Reservierungen zu machen oder seine Finanzen zu verwalten, ohne das Haus verlassen zu müssen.	The internet makes working from home possible and many other things too, **such as** making reservations or managing your finances, without having to leave your home.
*Die digitale Revolution hat die Schaffung von höchst innovativen Diensten, **einschließlich** der ferngesteuerten Chirurgie, Telekonferenzen und virtuellen Touren ermöglicht.	The digital revolution has enabled the creation of highly innovative services, **including** remote surgery, teleconferencing, and virtual tours.
*Soziale Netzwerke unterstützen politische und soziale Bewegungen; **wie zum Beispiel** Feminismus, der in Deutschland sehr ausgeprägt ist.	Social networks help with setting up political and social movements; **for instance** feminism, which is very strong in Germany.
*Wenn das Internet nicht mehr existieren würde, wäre das das Ende des Computerzeitalters und man müsste sich in allen Tätigkeitsbereichen **wie beispielsweise** Bildung, Gesundheit, Handel, Finanzen, Freizeit, usw. neu anpassen.	If the internet no longer existed, it would be the end of the computer age and we would have to readapt in all areas of activity **such as** education, health, commerce, finance, leisure, etc.

3 Menschliche Erfindungsgabe

A-Z for German B (published by Elemi)

Die Nachteile und Gefahren einer Cyber-Gesellschaft / Disadvantages and dangers of a cyber-society

siehe 3 C

die Spam-Mail	spam
der Cyber-Angriff/das Virus	cyberattack/virus
das Cybermobbing (das Stalking)/die Cyber-Kriminalität	cyberbullying (stalking)/cybercrime
die Abhängigkeit/die Sucht	dependency/addiction
der Verstoß gegen das geistige Eigentum	infringement of intellectual property
der Identitätsdiebstahl	identity theft
der Verlust der Vertraulichkeit	loss of confidentiality
der Schwindel/das Phishing	scam/phishing
der online Pädophilen-Ring	online predator/pedophile ring
sich im virtuellen Leben isolieren/sich sozial zurückziehen	to isolate oneself in virtual life/to withdraw socially
gewalttätigen oder schockierenden Bildern ausgesetzt sein	to be exposed to violent or shocking images
unter ungesunden Auswirkungen von blauem Licht und elektromagnetischen Wellen leiden	to suffer the unhealthy effects of blue light and electromagnetic waves
Virtuelle Kontakte sind gefährlich, weil du nicht immer die wirkliche Identität der Leute, mit denen du kommunizierst, kennst.	Virtual contacts are dangerous because you don't always know the true identity of the people you are communicating with.
Es ist fast unmöglich, Informationen in sozialen Netzwerken zu löschen.	It is almost impossible to delete information from a social network.
Alle digitalen Informationen, die auf Datenbanken gespeichert sind, sind anfällig für Angriffe.	All digital information stored in data warehouses is vulnerable to attacks.
Das Internet erleichtert die Verbreitung von gefährlichen, extremistischen Ideen.	The internet helps the spread of dangerous extremist ideas.
Der literarische Diebstahl/das Plagiat und die Piraterie sind zu einem wirklichen Fluch für Urheber geworden.	Plagiarism and piracy have become a real curse for creators.
Einige Fachleute werfen dem Internet vor, unser Erkenntnisvermögen reduziert zu haben, was uns die Konzentration, das Verständnis und den Erinnerungsprozess erschwert.	Some experts accuse the internet of reducing our cognitive faculties, making it harder for us to concentrate, understand and memorize.
Einige Elemente unserer Cyber-Gesellschaft können unsere Privatsphäre verletzen, wie zum Beispiel die Videoüberwachung und Elektronik-Chips.	Some elements of our cyber-society can breach our privacy, such as video surveillance and electronic chips.
Wir werden durch Technologie unterstützt, die unseren Alltag erleichtert, aber uns gleichzeitig konstant kontrolliert.	Our daily life is organized by a technology that facilitates it while asserting constant control.
Mehr Roboterarbeit bedeutet, dass einige Berufe verschwinden und es weniger Arbeit für Menschen gibt.	More work done by robots means the disappearance of some trades and less work for humans.
*Die meisten Länder sind **stark** auf IT (Informationstechnologie) angewiesen und es wäre **sicherlich** eine Katastrophe, wenn es kein Internet mehr gäbe.	Most countries are **hugely** dependent on IT and it would **certainly** mean disaster if there were no more internet.
*Die digitale Industrie verbraucht **viel** Energie (10% der globalen Stromerzeugung), **insbesondere** wegen der Videowiedergaben und des Managements von Kryptowährung.	The digital industry consumes **a lot** of energy (10% of the world's electricity), **especially** because of video viewing and the management of cryptocurrency.
*Wie die meiste Technologie ist das Internet zu einem zweischneidigen Schwert geworden. Das Bedürfnis zur Technikkontrolle, um Missbrauch zu verhindern, ist **ziemlich** offensichtlich.	Like most technology, the internet is a double-edged sword and the need to control it to prevent abuse is **absolutely** obvious.

E Wissenschaftliche Innovationen

siehe 1 B

Große Fortschritte in der Wissenschaft	Great advances in science
die Evolutionstheorie	theory of evolution
das Konzept der Immunisierung/Impfung	concept of immunization/vaccination
die Radiographie/das Röntgenbild	radiography/X-ray
die Pasteurisierung	pasteurization
die Antibiotika	antibiotics
die Organtransplantation/Organimplantation	organ transplant/implants
die In-Vitro-Fertilisation	in vitro fertilization
die Verhütungsmittel (pl)	contraceptive methods
die Prothetik	prosthetics
das Klonen	cloning
das 3D-Drucken	3D printing
die künstliche Intelligenz/AI	artificial intelligence/AI
die Kernspaltung/Fission	nuclear fission
die Weltraumforschung und ihre Anwendungen	space exploration and its applications
stammzellbasierte Therapie	stem cell-based therapy
die Struktur der DNA-Helix	structure of the DNA helix
die Sequenzierung der Humangenome	sequencing of the human genome
die Gentechnik	genetic engineering
die Robotik	robotics
recherchieren/forschen/Forschung betreiben	to do/conduct research
Versuche/Tests/Experimente durchführen	to perform trials/tests/experiments
Tierversuche anwenden	to use animal experimentation
zur Experimentierphase mit menschlichen Versuchspersonen übergehen	to move to the experimental stage on human subjects
revolutionäre Technologie anwenden	to use revolutionary technologies
Medizinische Innovationen können helfen, bestimmte erbliche Krankheiten auszurotten.	Medical innovations can help to eradicate certain hereditary diseases.
Die Entwicklung von Narkosemitteln hat es ermöglicht, lange und komplexe chirurgische Eingriffe durchzuführen.	The development of anaesthetics has made it possible to perform long and complex surgical procedures.
Die Entdeckung des chirurgischen Verfahrens der DNA CRISPR-Cas9 hat Fortschritte in der Gentherapie ermöglicht.	The discovery of the DNA surgical method CRISPR-Cas9 has made advances possible in gene therapy.
*Es ist wahrscheinlich, dass medizinische Innovationen bei der Behandlung von Alterserkrankungen, wie z. B. Alzheimer, einen echten Sprung nach vorn machen werden.	It is likely that medical innovations will make a real leap forward in the treatment of age-related diseases, such as Alzheimer's.
*Es ist nicht möglich, dass mit Forschung über die Ausbreitung von Viren wie Ebola oder Coronavirus eines Tages gewährleistet wird, dass diese keine tödlichen Krankheiten mehr sind.	It is not possible that research into the spread of viruses like Ebola or Coronavirus will guarantee that one day they are no longer killer diseases.
*Es könnte sein, dass in nicht allzu ferner Zukunft die Teleportation, wie man sie in Science-Fiction-Filmen sieht, zur Wirklichkeit wird.	It may be that in the not too distant future, teleportation as seen in science fiction films will become a reality.

3 Menschliche Erfindungsgabe

Wissenschaftlicher Fortschritt / Scientific progress

siehe 5 G

Vorteile / Benefits

den Menschen/das Weltall verstehen	to understand people/the universe
(die Ausbreitung von) Krankheiten verhindern	to prevent disease (from spreading)
das Risiko einer Epidemie eliminieren	to eliminate the risk of an epidemic
die Kindersterblichkeit verringern	to reduce infant mortality
dem Leid ein Ende setzen	to put an end to suffering
die Alterungseffekte bekämpfen	to combat the effects of ageing
die Lebenserwartung erhöhen	increase life expectancy
die Lebensverhältnisse verbessern	to improve living conditions
über die Grenze des menschlichen Körpers hinausgehen	to go beyond the limits of the human body

Gefahren / Dangers

zu weit gehen	to go too far
mit dem Feuer spielen	to play with fire
in falsche Hände geraten	to fall into the wrong hands
Warnungen ignorieren	to ignore warnings
nicht mehr zurückgehen können	to no longer be able to go back
ein (körperliches/geistiges) Gesundheitsrisiko darstellen	to pose a (physical/mental) health risk
das Interesse an Forschung über das des Patienten stellen	to put the interest of research before that of the patient
moralische Grenzen überschreiten	to cross moral boundaries
den Kodex für ärztliche Ethik verletzen	to violate the medical code of ethics
die Umwelt/Menschheit in Gefahr bringen	to endanger the environment/humanity

Jede Medaille hat zwei Seiten / There are two sides to every coin

eine heikle Frage/ein heikles Thema	a thorny issue
das wahre Rätsel	real puzzle
die besorgniserregende Situation	worrying situation
das Für und Wider (+ Gen)	pros and cons (of)
das Gebiet der Science-Fiction	the territory of science fiction
die dunkle Seite der Wissenschaft	the dark side of science
Utopie oder Albtraum?	utopia or nightmare?
(sich selbst) hinterfragen	to question (yourself)
Zweifel aufkommen lassen/in Frage stellen	to raise doubts/to call into question
sich sorgen	to worry
misstrauen	to mistrust
Vorsicht vor (+Dat)	beware of
das Schlimmste befürchten/fürchten	to fear (the worst)/to dread
die Legitimität gewisser Forschung	legitimacy of certain research
die Ethik der Forschungsberufe	ethics of the research professions
die Regulierung des technologischen Fortschritts	regulation of technological advances
die Beziehung zwischen technologischem und wissenschaftlichem Fortschritt/technologischer und wissenschaftlicher Ethik	relationship between technological and scientific progress and ethics

Die Kehrseite der Vorteile der Wissenschaft und der Technologie ist das Risiko, dass diese missbraucht werden können.

The flipside of the benefits of science and technology is the risk of them being abused.

3 Menschliche Erfindungsgabe

Jede Entdeckung und Innovation hat ihre Verteidiger und Kritiker.	Every discovery and innovation has its defenders and detractors.
Dank der Technologie sind wir geschützt, wir werden jedoch rund um die Uhr kontrolliert.	Thanks to technology we are protected, but on the other hand we are also monitored 24/7.
*Klonen ist technisch möglich, **aber ist es auch** wünschenswert?	Cloning is technically possible, **however**, is it desirable?
*Der Fortschritt in der Zahnmedizin hat die Behandlung von Karies möglich gemacht. Quecksilberfüllungen vergiften uns **jedoch**.	Progress in dentistry has made the treatment of cavities possible. **However**, mercury-based fillings are poisoning us.
*Die Schönheitschirurgie kann jemandem mit Gesichtsverletzungen helfen. **Allerdings** ist sie für einige skrupellose Chirurgen auch ein lukrativer Markt.	Cosmetic surgery can help someone with facial injuries. **However**, it is also a lucrative market for some unscrupulous surgeons.
*Für einige scheint die Atomenergie unerlässlich, **und doch** haben die Desaster von Tschernobyl und Fukushima gezeigt, wie gefährlich sie ist.	For some, nuclear energy seems essential, **and yet** the Chernobyl and Fukushima disasters have proved how dangerous it is.
*Viele Menschen glauben, dass wir genetische Erkrankungen unbedingt ausrotten sollten. **Dennoch** sind einige der Ansicht, dass wir nicht versuchen sollten, z.B. das Down Syndrom auszurotten. Wir sollten lernen, es zu akzeptieren.	Many believe that we must eradicate genetic diseases at all costs. **Nevertheless**, some believe that we should not seek to eradicate Down's syndrome, for example, but to learn to accept it better.
*Der Fortschritt ermöglicht Entwicklungen in allen Bereichen und **trotzdem** stellen diese Entwicklungen auch ein wahres Risiko für unsere Sicherheit dar.	Progress makes advances in all areas possible, and **yet** these advances also pose a real risk to our safety and security.
***Obwohl** die wirkliche Wissenschaft kein Profitstreben darstellen sollte, werden Wissenschaftler oft wegen Geldmangel gezwungen, für große Pharma-Unternehmen zu arbeiten oder ihre Forschung aufzugeben.	**While** real science should not be a search for profit, due to a lack of funds scientists are often forced to work for big pharma or stop their research.
*Einige sind der Ansicht, die Nutzung von Biotechnologie zur Überwindung menschlicher Grenzen ist erfolgversprechend. Andere **hingegen** befürchten, dass wir dadurch unsere Menschlichkeit verlieren könnten.	For some, the use of biotechnology to help overcome human limitations may seem promising. Others, **on the contrary,** fear that we may lose our humanity.
***Obschon sie anerkennen, dass** die Technowissenschaft unsere Lebensverhältnisse verbessert hat, befürchten einige, dass Maschinen die Kontrolle über Menschen übernehmen werden.	**While acknowledging that** technoscience has improved our living conditions, some fear that machines will take control of people.
***Obwohl** Eingriffe in die Humangenetik Erkrankungen verhindern können, könnte dies auch zu einer Schaffung einer einheitlichen Bevölkerung führen, die keine Differenz tolerieren wird.	**Although** intervening in human genetics can prevent disease, it can also lead to the creation of a uniform population which will not tolerate any differences.
***Obgleich** die DNA-Identifizierung der Polizei erlaubt hat, Tatverdächtige zu entlarven oder zu entlasten, **bleibt die Tatsache**, dass diese genetischen Informationen missbraucht werden können.	While DNA identification has allowed the police to expose or clear a suspect, **the fact remains** that this genetic information can be misused.
*Die GVO könnten vielleicht das Welthungerproblem lösen, **aber es steht weiterhin fest**, dass es mittlerweile eine zunehmende Besorgnis über die Risiken für die Konsumenten und die Umwelt gibt.	GMOs could perhaps solve the problem of world hunger, **but the fact remains** that in the meantime, there is growing concern about the risks to consumers and the environment.

Soziale Organisation

A Soziale Beziehungen

Die Familie im Wandel / The changing family

der Partner/die Partnerin	male/female partner
der Ehepartner/die Ehepartnerin	spouse, married partner
der biologische/alleinerziehende Vater	biological/single father
die biologische/alleinerziehende Mutter	biological/single mother
der Adoptivsohn/die Adoptivtochter	adopted son/daughter
der Schwiegervater/die Schwiegermutter	father-in-law/mother-in-law
der Stiefvater/die Stiefmutter	stepfather/stepmother
der Schwager/die Schwägerin	brother-in-law/sister-in-law
der Schwiegersohn/die Schwiegertochter	son-in-law/daughter in-law
der Witwer/die Witwe	widower/widow
die Verlobung	engagement
die Ehe (die Hochzeit)/die gleichgeschlechtliche Ehe	marriage (wedding)/same-sex marriage
die Pflegefamilie	foster care family
das Paar	couple
das Zuhause/der Haushalt	home/household
der Familienstand	marital status
die Ein-Eltern-Familie/Zwei-Eltern-Familie	one-parent family/two-parent family
single/ledig sein/bleiben	to be/to stay single
sich verlieben	to fall in love
zusammenleben	to live together
sich mit jemandem verloben	to get engaged to someone
jemanden heiraten/eine Lebenspartnerschaft eingehen	to marry someone/to enter into a civil partnership
sich trennen/sich scheiden lassen	to separate/divorce
das Sorgerecht (für die Kinder) teilen	to share custody (of the children)

Die Familieneinheit hat sich im Laufe des 20. Jahrhunderts stark entwickelt; mit immer weniger Großfamilien stellt Deutschland ein typisches europäisches Familienbild dar.

The family unit evolved a lot over the course of the 20th century; with fewer and fewer big families, Germany presents a typical European picture of a family.

Bis in die 1950er Jahre haben Paare früh geheiratet und ließen sich eher selten scheiden.

Up until the 1950s, couples used to marry early and only very rarely got divorced.

Mit überall erhältlichen Verhütungsmitteln haben Frauen weniger Kinder und sie bekommen sie später.

With contraception being widely available, women have fewer children and have them later.

Das Modell der Kernfamilie hat Mischfamilien in vielen Formen Platz gemacht.

The model of the nuclear family has given way to blended families in many forms.

*Es überrascht mich, dass** in einigen Ländern die erweiterte Familie immer noch die Norm ist, wo mehrere Generationen unter einem Dach wohnen.

It surprises me that in some countries the extended family is still the norm, with several generations living under the same roof.

*Ich finde es überraschend, dass** die Familie **nicht aufhört**, sich weiterzuentwickeln, sowohl in der Art und Weise, wie sie zusammengesetzt ist, als auch in den Einstellungen und Gesetzen, die sie betreffen.

I find it surprising that the family **doesn't stop** evolving, as much in the way it is made up, as in the attitudes and the laws that affect it.

Familie und Freunde / Family and friends

die Familienbande/Blutsbande/Freundschaftsbande	family/blood/friendship ties
eine harmonische/schwierige Beziehung	harmonious/difficult relationship
der Gluckenvater/die Glucke (überfürsorglicher Vater oder überfürsorgliche Mutter)	father/mother 'hen' (overprotective father or mother)
das Nesthäkchen der Familie (*oder* das jüngste Kind der Familie)	the little darling of the family (*or* the youngest of the family)
die Generationskluft	the generation gap
die Unterstützung der Familie/Freunde	support of family/friends
die Freundschaft, die den Test der Zeit bestanden hat, die langjährige Freundschaft	friendship which has stood the test of time, long-lasting friendship
gegen (die elterliche Autorität) rebellieren	to rebel against (parental authority)
(jemandem) etwas übel nehmen	to resent (someone)
seine Persönlichkeit behaupten müssen	to need to assert your personality
Mangel an Respekt (für jemanden) haben	to lack respect (for someone)
Respekt (für jemanden) haben, jemanden respektieren	to have respect (for someone)
einen guten Draht haben (id)/eine gute Beziehung (zu jemandem) haben	to have a good rapport/be on good terms (with someone)
seinen Platz in der Familie/unter den Geschwistern finden	to find your place within your family/amongst your siblings
große Hochachtung (für jemanden) empfinden	to hold (someone) in great esteem
sich (mit jemandem) gut verstehen	to get on well (with someone)
(jemandem) nahestehen	to be really close (to someone)
(mit jemandem) intim sein	to be intimate (with someone)
offen/aufrichtig/ehrlich sprechen	to speak openly/frankly/sincerely
sich (jemandem) anvertrauen können	to be able to confide (in someone)
Ich fühle mich wohl (von meiner Familie umgeben).	I feel good (surrounded by my family).
Ich stehe meinen Freunden näher als meiner Familie.	I'm closer to my friends than my family.
Manchmal wollen Eltern nicht, dass ihre Kinder ihren Freund/ihre Freundin sehen.	Sometimes, parents don't want their children to see their boyfriend/girlfriend.
Ich habe mehr mit der Familie meines Freundes gemeinsam als mit meiner eigenen.	I've got more in common with my friend's family than with my own.
Ich kann mich auf meine Freunde verlassen und ich vertraue ihnen.	I can count on my friends and I trust them.
Seit den 1990er Jahren wurde in Europa die Kernfamilie seltener.	Since the 1990s in Europe, the nuclear family has become less common.
Die erweiterte Familie kann aus Verwandten aber auch aus engen Freunden bestehen. Man kann seine Familienmitglieder nicht auswählen, Freunde können jedoch auch zur Familie werden, vor allem wenn sie zuverlässig, vertrauenswürdig und verantwortlich sind.	Extended families can consist of relatives but also of friends, who are close. One cannot choose family members but friends can become family too, especially if they are dependable, trustworthy, and responsible.
*Ohne den Aufbruch vieler Frauen in die Arbeitswelt **hätte** die Wandlung des Modells der traditionellen Familie mit nur dem Mann als Ernährer **nicht stattgefunden**.	Without the departure of many women into the world of work, the transformation of the traditional family model **would not have occurred** with only the man as provider.

4 Soziale Organisation

A-Z for German B (published by Elemi)

Emotionen / Emotions!

die Liebe/die Zuneigung/das Verständnis	love/affection/understanding
das Glück/die Freude/die Zufriedenheit	happiness/joy/satisfaction
die Traurigkeit/die Trauer/die Verzweiflung	sadness/grief/despair
die Wut/das Unglück/die Bitterkeit	anger/unhappiness/bitterness
die Überraschung/das Erstaunen/die Verwunderung	surprise/astonishment/amazement
der Schreck/die Angst/die Befürchtung	fright/fear/apprehension
die Schande/die Verlegenheit/die Demütigung	shame/embarrassment/humiliation
das Bedauern/die Nostalgie/die Reue	regret/nostalgia/remorse
die Eifersucht/die Rivalität/der Neid	jealousy/rivalry/envy
die Gleichgültigkeit/der Mangel an Interesse/die Kälte	indifference/lack of interest/coldness
Mitleid/Verachtung/Angst empfinden	to feel pity/contempt/anxiety
Zärtlichkeit/Freundschaft (für jemanden) empfinden	to feel tenderness/friendship (for someone)
Mut/Feigheit/Großzügigkeit zeigen	to show courage/cowardice/generosity
schlechte Laune verbreiten/Aggression zeigen	to have a show of bad temper/to demonstrate aggression
Hass/Groll hegen	to nurture hatred/to bear a grudge
Wertgefühle/Respekt aufbauen	to build esteem/respect
sich großzügig/freundlich/geduldig zeigen	to show yourself to be generous/friendly/patient
sich als glücklich/zufrieden/erfüllt betrachten	to consider yourself happy/content/fulfilled
der sehr enge Freund	very close friend
sehr verliebt sein	to be very much in love
gute Kumpel sein	to be good buddies
jemandem etwas nachtragen	to hold a grudge against someone
schlecht miteinander auskommen	to be on bad terms
es auf jemanden abgesehen haben (col)	to have it in for someone
den Kontakt zu jemandem abbrechen	to cut off contact (with someone)
jemandem voll vertrauen	to trust someone completely
Wie der Vater, so der Sohn./Wie die Mutter, so die Tochter. (id)	Like father, like son./Like mother, like daughter.
Ich kann ihn nicht ausstehen/leiden.	I can't stand him.
Ich habe genug davon! Das ist eine echte Plage! (col)	I've had enough of this!/It's a real pain!
Es macht mich verrückt/wahnsinnig! (col)	It's driving me crazy!
Es ist sehr schwer/schwierig!	It's very hard!
Ich bin stinksauer (id)/wütend./Ich habe schlechte Laune!	I'm furious/angry/in a bad mood!
Sie haben mich unter zu starken Druck gesetzt./Ich bin unter zu starkem Druck.	They put me/I'm put under too much pressure.
Mit Lehrern macht es keinen Spaß.	With teachers, it's no fun.
Es ist toll/großartig!/Es ist so cool! (col)	It's great!/It's so cool!
Ich bin überglücklich.	I'm overjoyed.

B Gemeinschaft

siehe 3 C

Meine Gemeinschaften	My communities
der Familienkreis/die Familienmitglieder	family circle/family members
die Nachbarschaft/der Nachbar	neighbourhood/neighbour
die Fernbeziehung/das Langstrecken-Verhältnis (CH)	long-distance relationship
die Schulgemeinschaft/die Religions-/Sport-/virtuelle Gemeinschaft	school community/religious/sporting/virtual community
der Kumpel/der Freund	mate/friend
der Klassenkamerad	classmate
der Lehrer	teacher
das Lehrpersonal/Verwaltungspersonal	teaching/administrative staff
der Schulleiter/Rektor	head/headteacher/principal
der Seelsorger	pastoral support counsellor
der Priester/Pfarrer/Kaplan/Pastor/Imam/Rabbi	priest/parish priest/chaplain/pastor/imam/rabbi
der Mönch/der Bruder/die Nonne/die Schwester	monk/brother/nun/sister
die Pfarrei/Kongregation/Kirchgemeinde	parish/congregation
der Trainer	trainer/coach
die Mannschaft/der Teamkollege	team/fellow team player
der Gegner/Feind	opponent/enemy
der Schiedsrichter	referee
die Gruppe für soziale Medien	social media group
die Followers/Abonnenten/Leute, die mir folgen	followers/subscribers/people who follow me
die YouTube-Influencer (pl)	YouTube influencers
sich verstehen mit/sich unter die Leute mischen (col)	to get on with/to mix with
Freundschaften aufbauen/sich anfreunden	to build friendships/to make friends
in Kontakt bleiben	to stay in touch
gemeinsame Interessen haben	to have interests in common
Leidenschaften/Interessen teilen	to share passions/interests
Es ist wichtig, mit Menschen um sich herum Freundschaften aufzubauen.	It is important to build relationships with people around you.
Ich habe das Gefühl, zu einer Gemeinschaft von Menschen in sozialen Netzwerken zu gehören.	I feel like I belong to a community of people on social networks.
*Ich wünschte, dass sich meine Familie besser in die lokale Gemeinschaft integrieren würde.	I wish my family were better integrated into the local community.
*Meine Eltern möchten, dass ich mehr Freundschaften schließen würde, aber es ist nicht einfach, wenn wir so oft umziehen.	My parents would like me to make more friends but it's not easy when we move house so often.
*Meine Schulfreunde möchten, dass ich ihnen mit den Hausaufgaben helfen würde, aber ich könnte das niemals tun.	My schoolfriends would like me to help them with the homework but I could never do that.

Soziale Organisation — 4

Der Gemeinschaftsgeist	Community spirit
die (lokale) Gemeinschaft	(local) community
die Umwelt/die Umgebung	environment
das Leben (einer/in einer) lebhaften Nachbarschaft	life (of/in) a vibrant neighbourhood
die Stadtplanung	urban planning
etwas gegen die Einsamkeit tun	to work against loneliness
wissen, wie man die Kunst von gut nachbarschaftlichen Beziehungen pflegt	knowing how to cultivate the art of good neighbourliness
bereit sein, einander Hilfe anzubieten	to be ready to offer help to each other
das gesellschaftliche Leben lokal aufrechterhalten und entwickeln	to maintain and develop a social life locally
Gemeinschaftsgärten anlegen	to establish collective/community gardens
Orte für den Austausch schaffen	to create places for exchange
sich lokal engagieren	to get involved
Besser allein als in schlechter Gesellschaft. (proverb)	It is better to be alone than in bad company.
Wir müssen etwas gegen das Verschwinden von Netzwerken des Soziallebens in großen Städten und ebenso in ländlichen Gegenden tun.	We must do something about the disappearance of social networks in big cities, and in rural areas too.
Die Social-Media-Netzwerke und Technologie machen den Mangel an sozialen Kontakten nicht wett.	Social media networks and technology don't make up for the lack of real social contact.
Wir müssen den Anstieg der Einsamkeit vor allem unter älteren Menschen stoppen.	We must stop the rise of loneliness, especially amongst older people.
Nachbarschaftsveranstaltungen sind oft das Gegenmittel gegen die Abschottung und den Rückzug aus der Gesellschaft.	Neighbourhood events are often an antidote to isolationism and withdrawal from society.
Es geht nichts über ein Picknick oder einen Aperitif mit den Nachbarn, um das Eis zu brechen und Beziehungen aufzubauen.	There's nothing like a picnic or a drink with neighbours to break the ice and start building relationships.
Die meisten Österreicher sind bereit, eine Stunde pro Monat aufzugeben, um an Gesellschaftsprojekten in ihrer Nachbarschaft teilzunehmen.	Most Austrian people are ready to give up an hour each month to build community projects in their neighbourhood.
Dank des CAS-Programms als Teil des IB lernen wir, am Leben unserer Gemeinschaft teilzunehmen.	Thanks to the CAS programme as part of IB, we learn to participate in the life of our community.
Team- oder individuelle Projekte für CAS erlauben uns, Problembereiche in unserer Gemeinschaft zu erforschen.	Team or individual projects for CAS allow us to explore challenges in our community.
*Mit der CAS-Gruppe wollen wir generationenübergreifende Verknüpfungen **wie auch** ein besseres gemeinsames Leben fördern.	With my CAS group, we want to promote intergenerational links **as well as** 'a better life' together.
*Der Tag der Deutschen Einheit am 3. Oktober ist eine Tradition, die Familien **sowie** Bewohner der gleichen Nachbarschaften/Stadtteile zusammenbringt.	German Unity Day on October 3rd is a tradition that brings together families **as well as** residents of the same neighbourhood.
*Der Tag des Kindes ist ein jährlicher Anlass, der zu Ehren der Kinder gefeiert wird; er findet oft im November statt, kann aber, je nach Land, **auch** zu anderen Zeitpunkten stattfinden.	Children's Day is an annual event that is celebrated in honour of children; it often takes place in November but it can **also** be at other times depending on the country.

siehe 5 B

4 Soziale Organisation

Deutschsprachige Gemeinschaften	German-speaking communities	*siehe 1 E*
die Metropolregion	metropolitan area	
die Region	region	
die Kantone (CH)/die Bundesländer (D)/die Länder (A)	cantons (CH)/states (D, A)	
die Gemeinden/Stadtgemeinden	municipalities	
die Berge/die Wälder/die Täler/die Flüsse	mountains/forests/valleys/rivers	
der Nationalpark	National Park	
große Naturwunder	great natural wonders	
die Bergketten/die Strände/die Seen/das Meer/die Küste/die Inseln	mountain ranges/beaches/lakes/sea/coast/islands	
Die deutschsprachigen Menschen sprechen mehr als 250 verschiedene Dialekte.	German-speaking people have more than 250 different dialects.	
Jedes deutschsprachige Land hat seine eigene Folklore und Traditionen.	Each German-speaking country has its own folklore and its traditions.	
Deutschsprachige Gemeinschaften sind das Ergebnis einer komplexen Geschichte.	German-speaking communities are the result of a complex history.	
Jedes deutschsprachige Land hat seine Eigenarten und eigene Identität.	Each German-speaking country has its idiosyncrasy and own identity.	
Deutsch ist die offizielle Sprache in sechs Ländern, die alle in Mittel- oder Westeuropa liegen.	German is the official language of six countries, all of which lie in central or western Europe.	
Die deutsche Sprache hat rechtlichen Status auf zwei weiteren Kontinenten: Südamerika (ein Teil von Brasilien) und Afrika (Namibia).	The German language has legal standing on two other continents: South America (part of Brazil) and Africa (Namibia).	
Die Hauptsprache der Schweiz ist Deutsch, was von der Mehrheit der Bevölkerung gesprochen wird. Deutsch koexistiert mit Französisch, Italienisch und Rätoromanisch.	The main language of Switzerland is German, which is spoken by the majority of the population. It coexists with French, Italian, and Romansh.	
In der Schweiz sprechen mehr als 60% der Bevölkerung Schweizerdeutsch, ein Dialekt von Hochdeutsch, der in jedem Kanton anders ist.	In Switzerland over 60% of the population speak Swiss-German, a dialect of high German, that is different in every canton.	
Jedes Land hat seine eigenen Akademien, die die Sprache erforschen und untersuchen.	Each country has its own academies that research and study the language.	
*Wir können nicht unberücksichtigt lassen, dass für einige Menschen die deutsche Sprache eine Form von Vorherrschaft ist, während sie für andere ein Weg zur Einigkeit ist.	**We cannot ignore the fact that** for some people German is a form of domination, while for others it is a path to unity.	
*Es darf nicht ignoriert werden, dass einige Menschen die Schweizer Regierung für die Förderung der deutschen Sprache auf Kosten von Rätoromanisch (eine einheimische Sprache) kritisieren.	**It cannot be ignored that** some people criticize the Swiss government for promoting German at the expense of Romansh (an indigenous language).	

A-Z for German B (published by Elemi)

C Soziales Engagement

Freiwilligenarbeit | Volunteer work

die Freiwilligenarbeit/Wohltätigkeitsarbeit/gemeinnützige Arbeit	volunteering/charity work/not-for-profit work
das soziale Engagement/Gemeinschaftsengagement (für einen bestimmten Zweck)	social/community engagement (for a cause)
die Wohltätigkeitsorganisation	charitable organization
die gemeinnützige Organisation/Nichtregierungsorganisation (NRO)	not-for-profit/non-governmental organization (NGO)
die unbezahlte/freiwillige Arbeit	unpaid work
die benachteiligten/bedürftigen Menschen	disadvantaged/destitute people
Freiwilligenarbeit leisten	to do volunteer work
Freiwilligendienst leisten	to volunteer (to do something)
seine Unterstützung anbieten	to offer your support
einem Zweck dienen/einen Zweck verteidigen	to serve/defend a cause
sich nützlich fühlen	to feel useful
in seiner Gemeinschaft Verantwortung übernehmen	to take on responsibilities in your community
einer Gruppe angehören	to belong to a group
an einem Teamprojekt teilnehmen	to take part in a team project
sich an einer humanitären Aktion beteiligen	to participate in humanitarian campaigns
seine Zeit einem wohltätigen Zweck schenken	to give your time to a good cause
für einen Zweck Geld sammeln	to raise money for a cause
isolierten/kranken Menschen helfen	to come to the aid of isolated/ill people
(Tiere) retten	to rescue (animals)
Bedürfnisse abdecken	to address needs
an Einsätzen (für den Umweltschutz) teilnehmen	to take part in missions (for the protection of the environment)
helfen/Hilfe leisten/mit anpacken (col)	to help/lend a hand
Viele Jugendliche sind im Freiwilligensektor tätig.	Many young people are active in the voluntary sector.
Ich will meine Zeit und meine Fähigkeiten/Kompetenzen für Menschen, die sie gebrauchen können, nutzbringend einsetzen.	I want to put my time and my skills to good use for people who need them.
Im Rahmen von CAS helfe ich bei der Lebensmittelverteilung bei einer Lebensmittelbank.	As part of CAS, I help with the distribution of food from a food bank.
*Beim Freiwilligendienst mitzumachen **bietet die Möglichkeit**, Gemeinschaften außerhalb seiner eigenen Familie oder seines eigenen Freundeskreises kennenzulernen.	Taking part in voluntary work **provides the opportunity to** get to know communities outside of our own family or circle of friends.
*Die Freiwilligenarbeit **ermöglicht** einem, neue Fähigkeiten zu erlernen, wie z.B. Teamwork, organisatorische und Kommunikationsfähigkeiten und Problemlösungsmethoden.	Volunteer work **makes it possible** to learn new skills, like team work, organizational skills, communication skills, and problem-solving.
*Sich für einen Freiwilligenzweck zu engagieren, ist eine gute Sache, die man im Lebenslauf angeben kann. Dies **erlaubt es einem,** die ersten Schritte in Richtung Arbeitswelt zu gehen.	Getting involved in a voluntary cause is a good thing to put on your CV. It **allows you** to take the first steps towards the world of work.

Die Bürgerschaft / Citizenship

der Bürger	citizen
der Mitbürger	fellow citizens
die Rechte und Verantwortlichkeiten/Pflichten	rights and responsibilities
die Bürgerverantwortung/das Gemeinschaftsgefühl	civic responsibilities/public spiritedness
das Gewissen/das Verhalten/das Engagement	conscience/behaviour/commitment
sich engagieren	to get involved
eine Petition unterzeichnen	to sign a petition
an einer Demonstration teilnehmen	to take part in a demonstration
auf die Straße gehen	to take to the streets
seiner bürgerlichen Pflicht nachkommen	to do your civic duty
die Regeln des Gemeinschaftslebens respektieren/einhalten	to respect/keep to the rules of community life
das Gesetz beachten/befolgen	to respect/obey the law
Steuern/Sozialversicherungsbeiträge zahlen	to pay taxes/social security contributions
das Land im Fall einer Bedrohung gegen einen Feind verteidigen	to defend the country in case of a threat from an enemy
die Rolle der Geschworenen in einem Gerichtsverfahren akzeptieren (A)	to accept the role of a jury in a court case
Meiner Meinung nach hilft das CAS-Programm, Fähigkeiten zu entwickeln, die für uns als Bürger hilfreich sind.	In my opinion, the CAS programme helps to develop skills which will be useful to us as citizens.
CAS ermutigt uns, ein Dienstleistungsethos zu entwickeln und offener und altruistischer zu werden.	CAS encourages us to develop a service ethic and become more open and altruistic.
Ich hoffe, dass ich dank meiner Bildung ein verantwortungsvoller und engagierter Bürger sein werde.	I hope that, thanks to my education, I will be a responsible and committed citizen.
In den meisten Ländern ist 18 das Alter, ab dem man wählen darf.	In most countries, 18 is the age when you can vote.
In Deutschland gibt es keine Wehrpflicht (mehr), aber in der Schweiz und in Österreich ist der Militärdienst obligatorisch.	Military service is not compulsory in Germany but it is compulsory in Switzerland and in Austria.
*Alle deutschen Schüler haben in der Schule Gemeinschaftskunde, wo sie etwas über die Werte der Bürger und die Grundsätze einer demokratischen Gesellschaft **lernen müssen**.	All German students follow a 'citizenship programme' at school where they **must learn** the values of citizens and the principles of a democratic society.
*In unserer Zeit hat ein Bürger Zugang zu vielen Informationen und einer Vielfalt an Meinungen. Ein guter Bürger **muss** kritisch denken können, Informationen analysieren und wissen, wie man Nachweise verlangt.	In our times, a citizen has access to a lot of information and a great diversity of opinions. A good citizen **must have** critical thinking, be able to analyze that information, and know how to demand evidence and arguments.
*In jeder Gemeinschaft gibt es verschiedene Überzeugungen und Religionen, sexuelle Orientierungen, politische Ideologien und Bräuche. Ein guter Bürger **muss** alle diese Standpunkte **beachten** und eine umfassende und friedensorientierte Vision **haben**.	In every community, there are different beliefs and religions, sexual orientations, political ideologies and customs. A good citizen **must respect** all these positions and **must have** a broad and peace-oriented vision.

Das politische Leben / Political life

das Wahlrecht/Stimmrecht	right to vote
das universelle Wahlrecht	universal suffrage
der Wähler/der Stimmberechtigte	voter
die Gemeindewahlen/die Kantonalwahlen (CH)/die Landtagswahlen (D)/die Landeswahlen (A)	local elections/cantonal elections (CH)/state elections (D, A)

die politische Partei (der Mitte/der Rechten/der Linken)	political party (of the centre/right/left)
die Partei der extremen Rechten/Linken	party of the extreme right/left
der Wahlkampf	election campaign
das Wahlprogramm des Kandidaten	candidates' manifesto
der Eintrag in das Wählerverzeichnis	registration on the electoral rolls
(der Tag der) Wahl/Abstimmung	poll/ballot (day)
die Stimmkarte	voting card
die Wahlkabine	polling booth
der Stimmzettel/Wahlzettel	ballot paper
die Stimmenauszählung	counting of votes
der Kongress/die Nationalversammlung/der Nationalrat/der Senat	Congress/National Assembly/Senate
der Kongressabgeordnete	Member of Congress
abstimmen *oder* wählen/ungültige Stimme abgeben/sich der Stimme enthalten	to vote/to spoil your vote/to abstain
politisiert werden	to be politicized
politische Ereignisse verfolgen	to follow political events
Parteimitglied sein/einer politischen Partei angehören	to be a member of/to belong to a political party
sich zur Wahl stellen/sich um ein Amt bemühen	to stand for election/run for office
kämpfen um/eine Kampagne führen	to campaign for …
sich Gehör verschaffen	to make your voice heard
innerhalb einer Partei Organisation aktiv sein	to be active within a party/organization
Politik – ich halte nichts davon!	Politics, I don't care about it at all!
Ich habe eine Leidenschaft für politische Themen.	I am passionate about political issues.
Ich mache mir (keine) Sorgen über politische Themen.	I (don't) feel very concerned about policy issues.
Die Wahlenthaltung bei jungen Menschen ist sehr hoch, weil sie das Gefühl haben, dass die gewählten Amtsträger sie nicht repräsentieren.	The abstention rate among young people is very high because they feel that elected officials do not represent them.
***Sollte** die Abstimmung/Wahl obligatorisch oder freiwillig **sein**?	**Should** the vote **be** mandatory or voluntary?
***Sollten wir** das Wahlalter auf 16 absenken, um jungen Leuten das Gefühl zu geben, sich stärker für ihr Land zu engagieren?	**Should we** lower the voting age to 16 to make young people feel more involved in the life of the country?
***Könnten wir** uns auf andere Weise als durch Parteipolitik an der Politik beteiligen?	**Could we** be involved in politics other than through party politics?

D Bildung

Das Bildungssystem / Education system

die Schule/das Schulzentrum	school/school hub
die Vorschule/der Kindergarten, die Grundschule	nursery school, primary school
die Mittelschule/die Realschule, das Gymnasium/die Oberschule	secondary school/high school
der Schüler	pupil/student
der Internatsschüler	boarder
der Klassensprecher	(class) delegate/representative
das (Schul)Zeugnis	school report
die Note von 6 oder 12	mark/grade out of 6 or 12
das Nachsitzen	detention
die untere Sekundarstufe (bis Ende der 9. Klasse)	lower secondary school diploma (until 9th grade)
die obere Sekundarstufe (für 16- bis 19-Jährige)	higher secondary school diploma (for 16–19 year olds)
literarische/wissenschaftliche/künstlerische Fächer	literary/scientific/artistic subjects
die schriftliche/mündliche Arbeit	written/oral paper
bestehen/verdienen/mit Auszeichnung/besondere Anerkennung	pass/merit/with honours/special commendation
die öffentliche/private/internationale Schule	state/private/international school
die religiöse/nichtreligiöse Schule	faith/non-religious school
die Schullaufbahn/die Laufbahnberatung	school career/careers guidance
eine Prüfung ablegen/die Prüfung bestehen	to sit (or take) an exam/to pass an exam
bei einer Prüfung durchfallen/die Prüfung nicht bestehen	to fail an exam
eine Wiederholungsprüfung machen/(die Prüfung) wiederholen	to do resits/retake (an exam)
Um das IB Diplom zu erhalten, brauchst du mindestens 24 Punkte.	To obtain the IB Diploma, you need a minimum of 24 points.
Falls du nicht das Abitur machen möchtest, kannst du eine Berufsausbildung oder eine Lehre machen.	If you do not want to study for the baccalaureate, you can do vocational training or an apprenticeship.
Viele IB-Schüler beklagen sich, dass ihre Stundenpläne zu voll und die Schultage zu lang sind.	Many IB students complain that their timetables are too full and their school days far too long.
*Ich bin kein **Befürworter von** Prüfungen, weil sie nicht immer repräsentativ für den Umfang der geleisteten Arbeit während des Schuljahres sind.	I am not **in favour of** examinations because they are not always representative of the amount of work done during the school year.
*Ich bin eher **für** eine kontinuierliche Bewertung als für einen Test zum Jahresende, weil sie das Leistungsniveau des Schülers besser widerspiegelt.	I am more **in favour of** continuous assessment than an end-of-year test because it is a better reflection of the student's level.
*Ich **bevorzuge** das Internationale Baccalaureate **gegenüber** anderen Studienplänen, weil ich denke, dass es eine zukunftsorientiertere Ausbildung bietet.	**I prefer** the International Baccalaureate **over** other curricula because I think it offers an education that is more outward-looking.

Die Hochschulbildung / Higher education

die Universität/das College (US)	university/college (US)
private/staatliche Universitäten	private/state universities
Aufnahme nach einem Auswahlverfahren	entry via competitive exam
der Kurs auf höchstem Niveau	top level course
das Zertifikat/die Qualifikation	certificate/qualification
der Hochschulabschluss	higher education diploma

A-Z for German B (published by Elemi)

der Universitätsabschluss/Master-Abschluss/Doktortitel	degree/masters/PhD
der Ausbildungskurs, bei dem Arbeit und Ausbildung kombiniert werden (in DE: duales Studium)	combined work/training course
die Vorlesung im Vorlesungssaal/Hörsaal	lecture in a lecture hall/theatre
die praktische Arbeit im Labor	practicals in a lab
der Onlinekurs/Onlineressourcen/Onlinequellen	online courses and resources
die Einschreibegebühr	registration fees
die Studiengebühren	cost of studies
die Berufsaussichten am Ende des Kurses	job prospects at the end of the course
ein Überbrückungsjahr/Sabbatjahr nehmen	to take a gap year/sabbatical year
sich an der Universität/Medizinischen Hochschule immatrikulieren	to enroll at a university/in medical school
ein Stipendium beantragen	to apply for a grant/scholarship
ein Praktikum absolvieren/Arbeitserfahrungen in einer Firma sammeln	to do an internship/work experience in a company
einen Hochschulabschluss machen	to get a degree
(während der Prüfung) alles vergessen	to forget everything (in an exam)
sehr fleißig studieren/arbeiten	to work very hard
Mich reizt an der Universität, dass es dort viele Menschen gibt und ich viele neue Freundschaften schließen werde.	What attracts me to university is that there will be lots of people and I will make lots of new friends.
An der Uni macht mir Angst, dass von uns eigenständige Arbeit erwartet wird. Ich aber muss angetrieben werden, um zu arbeiten!	What scares me at university is that we are expected to be self-reliant. I need to be pushed to work!
*Ich beabsichtige, die Schnuppervorlesungen der Uni, für die ich mich interessiere, zu besuchen, und den Uni-Campus zu besichtigen.	I plan to attend the Open Days of the universities I am interested in in order to visit the campus.
*Im ersten Jahr habe ich vor, ein Zimmer im Studentenwohnheim zu mieten.	In the first year, I intend to rent a room in a hall of residence.
*Mein Bruder, der in München an die Uni gehen will, hat die Idee mit drei Freunden in einer Wohngemeinschaft (WG) zu wohnen.	My brother, who wants to attend university in Munich, is considering the idea of sharing an apartment with three of his friends.
*Ich plane einen dualen Ausbildungslehrgang zu machen, weil ich eine Berufsausbildung und nicht nur eine theoretische Ausbildung anstrebe.	I am planning to do a sandwich course because I want to have a professional training not just a theoretical one.
*Ich überlege mir, eine 6- bis 12-monatige Auszeit zu nehmen, um ein persönliches Projekt zu machen, wie zum Beispiel ein Praktikum oder einen humanitären Einsatz im Ausland.	I am considering taking a 6- to 12-month break to do a personal project, such as an internship or a humanitarian mission abroad.

Stellenwert von Bildung / The importance of education

das Lehren/Unterrichten, die Bildung	teaching, education
der Unterricht/die Ausbildung/das Training (CH)	instruction/training
die Weitergabe von Wissen/die Wissensverbreitung	transmission/dissemination of knowledge
das Lernen/die Lehre	learning/apprenticeship
die Alphabetisierung/das Lesen und Schreiben	literacy/reading and writing
die Bildungsmittel/Ausbildungsressourcen	educational resources
eine Art und Weise, um gegen Ungleichheit zu kämpfen	way to fight against inequalities
ein Mittel, um den Zyklus der Armut zu durchbrechen	tool to break the cycle of poverty
der Schlüssel zum Erfolg	key to success

Allgemeinwissen vermitteln	to provide general knowledge
moralische Werte beibringen	to teach moral values
zur staatsbürgerlichen/politischen Bildung beitragen	to contribute to citizenship education
das kritische/analytische Denken schärfen	to sharpen your critical thinking skills/analysis skills
lernen, eigenständig zu arbeiten	to learn to work independently
zwischenmenschliche Fähigkeiten/interkulturelle Kompetenzen/fachliche Kompetenzen entwickeln	to develop interpersonal/intercultural/professional skills
Analphabetismus verringern	to reduce illiteracy
seinen Charakter entwickeln	to build character
Die Bildung prägt unsere Persönlichkeit und Gedanken und sie hat einen Einfluss auf unser Verhalten und unsere Lebensweise.	Education shapes our personality and thoughts and has an impact on our behaviour and way of life.
Die Bildung ist ein lebenswichtiges Recht, notwendig für die humane, soziale und wirtschaftliche Entwicklung eines Landes.	Education is a vital right, essential to a country's human, social, and economic development.
Es ist unerlässlich, dass alle eine hochwertige Bildung erhalten sollten, vor allem die, die am meisten benachteiligt sind.	It is imperative that everyone should be able to receive high-quality education, especially the most disadvantaged.
Um Nelson Mandela zu zitieren: „Die Bildung ist die mächtigste Waffe, um die Welt zu verändern".	To quote Nelson Mandela: 'Education is the most powerful weapon which you can use to change the world.'
Das Bildungsniveau beeinflusst Einkommenshöhen und es hilft, die soziale Ungleichheit zu reduzieren.	The level of education has an impact on income levels and helps to reduce social inequalities.
*Das Bildungsniveau der Frauen bleibt zu niedrig, **da** weltweit eine von drei Frauen Analphabetin ist, im Vergleich zu nur einem von fünf Männern.	The level of women's education remains too low **since** one in three women in the world is illiterate compared with only one in five men.
*Der Bildungszugang verbessert sich weltweit, **obwohl** die Ungleichheit weiterhin bestehen wird, solange der Zugang nicht für alle gewährleistet ist.	Access to education is improving around the world, **although** inequalities will persist as long as it is not guaranteed for everyone.
*Einige junge Menschen scheinen **aufgrund** ihres soziokulturellen und familiären Umfeldes zum akademischen Scheitern verurteilt zu sein.	Some young people seem condemned to academic failure **as a result of** their socio-cultural and family environment.

E Arbeitswelt

Auf Jobsuche gehen

Looking for a job

der Sommerjob/die saisonale Arbeit	summer job/seasonal job
die Gelegenheitsarbeit	small job/casual job
die Zeitarbeit	temporary work
das Jobangebot/die (Klein-)Anzeige	job offer/a classified ad
die offene Stelle	vacancy
die erforderliche/notwendige Erfahrung, Erfahrung ist von Vorteil	experience required/necessary, experience preferable
einen Arbeitsplatz suchen	to be looking for a job
einen Termin ausmachen	to make an appointment
sich um einen Job/eine Stelle bewerben	to apply for a job/post
dem gewünschten Profil entsprechen	to match the profile required
über die notwendigen Kompetenzen verfügen	to have the necessary skills
verfügbar sein	to be available
seinen Lebenslauf und ein Begleitschreiben senden	to send your CV and a covering letter
seinen Hintergrund (Erfahrung und Qualifikationen) betonen	to emphasize your background (experience and qualifications)
ein Vorstellungsgespräch haben	to have a job interview
den Arbeitsvertrag unterschreiben	to sign the employment contract
die Fäden ziehen, um einen Job zu bekommen (id)	to pull strings to get a job
für einen Stundenlohn arbeiten/in bar bezahlt werden	to be paid by the hour/in cash
Eine oder mehrere Fremdsprachen sprechen zu können ist ein echter Vorteil, wenn man einen Sommerjob sucht.	Being able to speak one or more foreign languages is a real asset when looking for a summer job.
Ich schreibe in Bezug auf Ihre Stellenanzeige, die am (Datum) … auf (Seite)/ in der … Zeitung erschienen ist.	I am replying to your advertisement which appeared on the … site/in the … newspaper.
Ich möchte mich für die Position als … bewerben.	I would like to apply for the position of …
Im Anhang finden Sie meinen Lebenslauf.	Please find my CV attached.
Für Rückfragen stehe ich gern zur Verfügung.	Please do not hesitate to contact me for further information.
Ich wäre Ihnen dankbar, meine Bewerbung positiv zu bewerten.	I would be grateful if you would consider my application favourably.
Mit freundlichen Grüßen	Yours sincerely
*Viele junge Leute kombinieren ihr Studium mit einem Studentenjob, um ihr Studium finanzieren zu können. **Außerdem** kann man so Berufserfahrung sammeln.	Many young people combine their studies with a student job in order to finance their studies. **In addition**, it allows you to acquire professional experience.
***Einerseits** ermöglicht ein Studentenjob es einem, reifer zu werden, und **andererseits** kann man finanziell unabhängiger werden.	**On the one hand**, a student job allows you to become more mature and **on the other hand**, to become a bit more financially independent.
*Einige sind der Ansicht, dass man mit 16 Jahren zu jung ist, um eine Teilzeitstelle zu haben, weil junge Leute sich auf die Schule konzentrieren und **vor allem**, weil sie das Beste aus ihrer Jugend machen sollen.	Some consider that at 16, you're too young to have a part-time job as young people need to concentrate on their studies and **most of all** because they must make the most of their youth.

Einen Beruf ergreifen

Choosing a profession

die Entscheidungskriterien	decision criteria
der Traumjob/Zukunftsberuf	dream job/job for the future

der Arbeitsplatz	workplace
die Arbeitsbedingungen	working conditions
die Arbeitszeiten/Arbeitsstunden	working hours
die Arbeitsplatzsicherheit/Jobsicherheit	job security
der Arbeitgeber/Boss/Chef/Leiter	employer/boss
die Beziehungen zu Kollegen	relationships with colleagues
die Aufstiegschancen/Aufstiegsmöglichkeiten	opportunities for promotion
der Arbeitslohn/Lohn	pay/salary
die Lohnabrechnung	pay slip
die erforderliche Ausbildung/Schulung (CH)	necessary training
die notwendigen Kenntnisse/nötige Erfahrung	skills required/necessary experience
das Berufsfeld/der Berufsbereich	professional field/area
eine Berufung haben	to have a vocation/a calling
einen Laufbahnplan/Karriereplan haben	to have a career plan
eine verantwortliche Position besetzen	to hold a position of responsibility
von zu Hause in einem Büro/im Freien arbeiten	to work from home/in an office/outdoors
einen Beruf haben	to have a profession
ein Beamter sein/im staatlichen Sektor arbeiten	to be a civil servant/to work in the state sector
ein selbstständiger Arbeitnehmer sein/freiberuflich sein	to be self-employed/to be freelance
Mit dem Fortschritt in den Spitzentechnologien werden jeden Tag neue Arbeitsplätze geschaffen.	New jobs are created every day with the advances in cutting-edge technologies.
Mit dem Altern der Bevölkerung boomen die Jobs, die mit Pflege und Assistenz zu tun haben.	As the population ages, jobs related to personal care and assistance are booming.
Die Vorstellung, den öffentlichen Verkehr während Stoßzeiten zu nutzen, ist unerträglich.	I can't stand the idea of having to travel by public transport in rush hour.
Ich suche einen Job mit guten Zukunftsaussichten.	I am looking for a job with good future prospects.
*Ich möchte meinen Lebensunterhalt verdienen, indem ich eine Arbeit mache, die nützlich für andere ist und mir viel Freude bereitet. Darüber hinaus möchte ich einen wohnungsnahen Arbeitsplatz haben, um das Pendeln zu minimieren.	I would like to earn a living by doing a job that is useful to others and rewarding for me. **Moreover**, I would like to work close to home to minimize commuting.
*Mich interessiert ein gut bezahlter Job, der nicht allzu anstrengend ist und der mir auch noch Zeit lässt, meine Freizeitaktivitäten zu genießen.	What I'm interested in is a well-paid job which is not too tiring and which will **also** leave me time to enjoy my leisure activities.
*Persönlich möchte ich mein eigenes Unternehmen lancieren und mich selbstständig machen. Zusätzlich möchte ich meine Sprachkenntnisse anwenden.	Personally, I would like to start my own business and be self-employed. **In addition**, I would like to use my knowledge of languages.

Das Arbeitsleben
Working life

die Vollzeitarbeit/Vollzeitbeschäftigung	full-time work
die Teilzeitarbeit/Teilzeitbeschäftigung	part-time work
der öffentliche private Sektor	public/private sector
der befristete Arbeitsvertrag	fixed-term contract
der unbefristete Vertrag	permanent contract
die Telearbeit/Heimarbeit/im Home Office arbeiten	teleworking/working from home
die Überstunden	overtime
der Mindestlohn	minimum wage

der Jahresabschlussbonus, das zusätzliche Monatsgehalt/der 13. Monatslohn	end-of-year bonus, extra month's bonus
die Lohnerhöhung	pay increase
die schwierigen Arbeitsbedingungen	difficult working conditions
der Burnout/das Burnout-Syndrom	burnout/burnout syndrome
der Manager/Leiter/der Angestellte/der Arbeiter	manager/employee/worker
der Zeitarbeiter/der Praktikant	temp/intern
die Personalabteilung	human resources department
in der Probezeit sein	to be on probation
in Rente gehen/früher in Rente gehen/in Frührente gehen	to retire/to take early retirement
einen Ausgleich zwischen der Arbeit und dem Privatleben finden	to strike a balance between work and private life
entlassen werden	to be made redundant/to be laid off
gefeuert werden (col)	to be sacked
einen Hungerlohn verdienen (col)	to earn a pittance
kündigen	to resign
streiken/in Streik treten	to go on strike
krankheitshalber ausfallen/krankgeschrieben sein	to take sick leave/to be on sick leave
In Krisenzeiten müssen viele Leute prekäre Arbeit leisten.	In times of crisis, many people must do precarious work.
Was macht dein Vater beruflich?/Womit verdient dein Vater sein Brot? (col)	What does your father do for a living?
Meine Eltern haben eine gute Arbeit./Sie verdienen einen guten Lebensunterhalt oder sie verdienen viel Geld.	My parents have good jobs./They earn a good living or make good money.
*Für junge Absolventen ist es nicht immer einfach, in das Berufsleben einzusteigen, **weil** sie keine Berufserfahrung haben.	It is not always easy for young graduates to enter the labour market **since** they have no experience.
*Nachdem man entlassen wird, könnte man arbeitslos werden. Es ist schwierig, einen neuen Job zu finden, **vor allem wenn** man mittleren Alters ist.	After being made redundant, you may find yourself unemployed. Finding a new job is difficult, **especially if** you are middle aged.
*Die Arbeitgeber **sollten** nach Geschäftsschluss und am Wochenende **keine** E-Mails an ihre Angestellten senden. Alle Mitarbeiter haben das Recht, sich in ihrer Freizeit zu entspannen.	Employers **should not** send emails to their employees after business hours and at weekends. All employees have the right to relax in their spare time.

F Öffentliche Politik

Straftaten und Verbrechen | Offences and crimes

die (rassistische/sexistische/homophobe) Beleidigung	(racist/sexist/homophobic) insult
die Einschüchterung/die Erpressung/die Belästigung/das Cyber-Mobbing	intimidation/extortion/harassment/cyberbullying
der Vandalismus	vandalism
der Ladendiebstahl/der bewaffnete Raubüberfall	shoplifting/armed robbery
die betrügerische Verwendung von Daten	fraudulent use of data
der Identitätsdiebstahl	identity theft
der (Kreditkarten-)Betrug	(credit card) fraud
der Drogenhandel	drug trafficking
die sexuelle Belästigung/sexuelle Gewalt	sexual harassment/sexual assault
die Vergewaltigung/die versuchte Vergewaltigung	rape/attempted rape
die häusliche Gewalt	domestic violence
der Frauenmord	murder of women
die Tötung/der Mord/der Totschlag	homicide (first-degree murder/manslaughter)
der (vorsätzliche) Mord	(premeditated) murder
das Schießen	shooting
der Bombenanschlag/der Terrorakt	bomb attack/act of terrorism
das Gesetz brechen	to break the law
eine Straftat/ein Kavaliersdelikt/ein Verbrechen begehen	to commit an offence/a minor offence/a crime
eine öffentliche Störung auf der Straße verursachen	to cause disturbance on the public highway
einbrechen	to break in/to burgle
eine Bank überfallen/ausrauben	to rob a bank
auf frischer Tat ertappt werden/mit Fingern im Honigtopf erwischt werden (col) (id)	to be caught red-handed/with your hand in the cookie jar
Manchmal habe ich Angst, auf der Straße überfallen zu werden.	Sometimes I'm afraid of being mugged in the street.
Was mich am stärksten beunruhigt, sind Säureangriffe. Ich finde diese absolut fürchterlich.	What scares me the most are acid attacks. I find them absolutely horrendous.
Ich bin sehr schockiert von der Zahl der Pädophilen-Ringe, die aufgedeckt wurden.	I am shocked at the number of paedophile networks that have been exposed.
Ich denke, dass die Medien zum gegenwärtigen Unsicherheitsgefühl beitragen, indem sie kleine Zwischenfälle von Drogenabhängigen überdramatisieren.	I think the media contribute to the current sense of insecurity by over-dramatizing minor incidents involving drug addicts.
*Ich habe nicht erwartet, dass das Durchschnittsalter der minderjährigen Straftäter so niedrig ist.	I did not expect the average age of underage criminals to be so young.
*Die Zahlen überraschen mich. Ich hätte nicht gedacht, dass die Delikte in den letzten Jahren so stark zugenommen haben.	The figures surprise me. I would not have thought that crime had increased so much in recent years.
*Ich hätte niemals gedacht, dass es eine solche Konzentration von Gangs in unserer Stadt gibt.	I'd never have thought there would be such a concentration of gangs in our city.
*Ich dachte nicht, dass es so viele Messerstechereien in unserem Land gibt.	I didn't think there were so many stabbings in our country.

siehe 4 C

4 Soziale Organisation

Wie man Jugendkriminalität erklären soll | How to explain youth crime

siehe 5 E

die Untätigkeit/das Nichtstun (verursacht durch Schulabbruch/Arbeitslosigkeit)	inactivity/idleness (caused by dropping out of school/unemployment)
die Schule abbrechen	dropping out of school
Probleme mit der Integration in den Schulalltag/ins Berufsleben	problems integrating into school life/professional life
die Geldprobleme	money problems
das Ressentiment gegenüber der Gesellschaft	resentment towards society
der Kindesmissbrauch/die Kindesvernachlässigung	child abuse/child neglect
der elterliche Mangel an Verantwortung	parental failure to take responsibility
die Schwächung der elterlichen Autorität	weakening of parental authority
die Ablehnung in der Familie	rejection within the family
die Normalisierung der Gewalt	normalisation of violence
der Drogenkonsum	drug use
die Teenager-Rebellion	teenage rebellion
die Respektlosigkeit	lack of respect
der Verlust der Werte	loss of values
der Gruppendruck	peer/group pressure
das Phänomen der Bandenbildung	gang phenomenon
unter einer mangelnden Ausbildung oder emotionalen Verlusten leiden	to suffer from a lack of education or emotional deprivation
sich ausgeschlossen/marginalisiert fühlen	to feel left out/marginalized
die Schule schwänzen (col)	to skip classes

Der Schulabbruch steigert das niedrige Selbstwertgefühl, das wiederum zum Gefühl der sozialen Ausgrenzung führt.
Dropping out of school increases low self-esteem, which in turn leads to feeling socially excluded.

Einige Jugendliche können ihren Platz in der Gemeinschaft nicht finden und können manchmal gewalttätig reagieren.
Some young people can't find their place in the community and can sometimes react violently.

Ein schlechtes Familienverhältnis und das Rumhängen mit der falschen Gruppe können junge Leute anfällig machen.
A bad relationship with the family and hanging out with the wrong crowd can make young people vulnerable.

Junge Menschen bekommen immer schlechte Presse, ohne dass es immer gerechtfertigt sei.
Young people always get bad press, without it always being justified.

*Die Familienstruktur wird nicht mit der Verwundbarkeit der jungen Leute identifiziert, **sondern eher** mit der Qualität der familiären Bindung.
Family structure is not identified as a vulnerability factor for young people, **but rather** the quality of family ties.

*Die Zahl an geringfügigen Straftaten, die Jugendliche im Zusammenhang mit Sachgegenständen und Privateigentum begehen, ist relativ hoch, jedoch werden Gewaltverbrechen **wesentlich** seltener begangen.
The number of minor offences committed by young people in connection with property and personal possessions is relatively high, but violent crimes are **considerably** less common.

*Während Jugendliche aus mittelständischen Familien in der Vergangenheit nicht wirklich in Kleinkriminalität verwickelt waren, ist dies **inzwischen** der Fall.
While in the past, youth from middle-class families were not really involved in petty crime, **now** they are increasingly **so**.

Strafen und Vorbeugung | Penalties and prevention

die Polizeibehörde/die Strafverfolgungsbehörde	police or law enforcement agencies
der Polizist/der Polizeibeamte	police officer
das Polizeirevier	police station
die Strafverfolgung/der Gesetzesvollzug	law enforcement
die Jury/das Jurymitglied (CH)/der Geschworene (A)	jury/jury member

der Richter/der Justizbeamte	judge/magistrate
die Justizvollzugsanstalt (JVA)/das Gefängnis	penitentiary facility/prison
die Jugendstrafanstalt	young offenders' institution
der Hausarrest	house arrest
die Bewährung	probation
die gemeinnützige Arbeit	community service
den Verdächtigen zur Befragung festhalten	to take a suspect in for questioning
den Täter verhaften	to arrest the culprit
vor einem Gericht erscheinen	to appear before a court
zu X Jahren Gefängnis verurteilt werden/zu lebenslanger Haft verurteilt werden/eine Bewährungsstrafe erhalten	to be sentenced to X years in prison/to be sentenced to life imprisonment/to get a suspended sentence
eine Strafe von X Jahren absitzen/zu einem Jahr Haft verurteilt werden	to serve a X-year sentence/to receive a one-year sentence
seine Strafe im offenen Strafvollzug absitzen	to serve one's sentence in an open prison
unter richterliche Aufsicht gestellt werden	to be placed under judicial supervision
eine Geldstrafe zahlen	to pay a fine
ins Gefängnis gehen/im Gefängnis sitzen	to go to jail/to do time
Es ist wichtig, dass ein Straftäter seine Schuld gegenüber der Gesellschaft begleicht.	It is important for a criminal to repay his debt to society.
Einige fordern zur Abschreckung die Wiedereinführung der Todesstrafe.	Some people are calling for the return of the death penalty as a deterrent.
*Um Kleinkriminalität zu verringern, **glaube ich, dass** wir gegen ihre Ursachen kämpfen müssen, die eigentlich in der Armut liegen.	**I believe that** in order to reduce petty crime, we must fight against **its** causes, which are essentially due to poverty.
*Das Gefängnis wird oft als „Schule des Verbrechens" bezeichnet und viele Menschen **meinen, dass** es ein Ort der Radikalisierung und Gewalt ist.	Prison is often referred to as the 'school of crime' andmany people **think that** it is a place of radicalization and violence.
***Ich bin davon überzeugt, dass** Haft die beste Methode ist, um Kriminelle zu rehabilitieren und sie von einer Rückfälligkeit abzuschrecken.	**I am convinced** that imprisonment is the best way to reform criminals and deter them from re-offending.
* Einige Menschen **sind der Ansicht, dass** das Gefängnis nicht nur einen Täter bestrafen muss, sondern ihn auch darin unterstützen soll, sich in der Gesellschaft wieder integrieren zu können.	Some people **hold the opinion that** prison must not only punish a criminal but must also support him to reintegrate into society.

Ein Planet für alle

A Umwelt

Naturkatastrophen — Natural disasters

das Erdbeben	earthquake
der Tsunami/die Flutwelle	tsunami/tidal wave
die Schlammlawine	mudslide
der Vulkanausbruch	volcanic eruption
die Lawine	avalanche
der Waldbrand/das Lauffeuer	forest fire/wildfire
der Anstieg des Wasserspiegels (Fluss)	rise in the water level (river)
die Überschwemmung	flooding
das Unwetter/der Hurrikan/der Wirbelsturm	storm/hurricane/cyclone
der Starkregen	torrential rains
die Hitzewelle	heatwave
die Dürre	drought
die Hungersnot (das Verhungern)	famine (starvation)
die Epidemie/die Pandemie (das Coronavirus)	epidemic/pandemic (coronavirus)
eine Wettererscheinung in noch nie dagewesenem Ausmaß/mit noch nie dagewesener Gewalt	a meteorological phenomenon of unprecedented magnitude/violence
der Stärke (Gen) X auf der Richterskala	of magnitude X on the Richter scale
das Absinken des Grundwasserspiegels	decrease in groundwater levels
die schlimmste Dürre seit Jahrzehnten	the worst drought in decades
das Land heimsuchen/treffen	to hit the country
die ganze Region/Gegend verwüsten	to devastate the entire region
eine verheerende Auswirkung haben	to have a devastating effect
Die Zahl der Opfer nimmt weiter zu.	The number of casualties continues to increase.
Die seismischen Beben haben Tausende von Menschenleben gekostet.	The seismic tremors have claimed thousands of lives.
Viele Häuser sind eingestürzt.	Many houses have collapsed.
Die Zahl der Todesopfer ist sehr hoch.	The death toll is very high.
*Die Warnung **wurde** nicht früh genug **ausgegeben**, um evakuieren zu können.	The warning **wasn't given** early enough to be able to evacuate.
*Millionen von Menschen weltweit **wurden** als Covid-19-infiziert **gemeldet**.	Millions of people **were reported** worldwide as infected due to the Covid-19 virus.
*Das Militär **wurde mobilisiert**, um den bedürftigsten Bevölkerungsgruppen während der Quarantäne Hilfe zu leisten	The armed forces **were mobilized** to provide assistance to the most vulnerable populations during the quarantine.
*Die Verteilung von lebensnotwendigen Gütern **wurde in Kraft gesetzt**.	The distribution of basic necessities **was put in place**.
*Die Nahrungsmittelhilfe und die Durchführung der Nothilfe **wurden** durch das schlechte Wetter **erschwert**.	The delivery of food aid and the implementation of emergency relief **were hampered** by bad weather.

Der menschliche Einfluss auf den Planeten — Human impact on the planet

die Luftverschmutzung/die Wasserverschmutzung/die Verschmutzung des Landes	air/water/land pollution
die Lichtverschmutzung/die Lärmbelastung	light/noise pollution

der Einsatz von chemischen Düngern	use of chemical fertilizers
der Anstieg des Energieverbrauchs	increase in energy consumption
die Pestizide und Herbizide	pesticides and herbicides
die Abholzung	deforestation
die Kontaminierung durch Industriemüll	contamination due to industrial waste
die Ölkatastrophe/der Ölteppich	oil spill/oil slick
die Treibhausgasemissionen	greenhouse gas emissions
die globale Erwärmung/der Klimawandel	global warming/climate change
die gefährdeten Arten/vom Aussterben bedrohten Arten	endangered species
die biologische Vielfalt/Ökosysteme gefährden	to threaten biodiversity/ecosystems
der Anstieg in der Temperaturkurve	rise in the temperature curve
das Abschmelzen der Eiskappen	melting of the ice cap
der Anstieg des Meeresspiegels	rise in sea level
der Säuregehalt/Säuregrad der Ozeane	ocean acidity levels
der siebte Kontinent aus Plastik	seventh continent of plastic
die Wüstenbildung/die Bodenerosion	desertification/soil erosion
die Korallenbleiche/das Ausbleichen der Korallenriffe	coral/coral reef bleaching
die Überfischung	overfishing
illegale Entgasung auf See	illegal degassing at sea
die Ausrottung von bestäubenden Insekten	extermination of pollinating insects
die Versenkung giftiger Abfälle	to dump toxic waste
Pflanzen- und Tierarten werden bedroht	plant and animal species are threatened
natürliche Lebensräume zerstören	to destroy natural habitats
Fossile Brennstoffe bringen den Planeten zum Ersticken.	Fossil fuels are suffocating the planet.
Es ist offensichtlich, dass menschliche Tätigkeiten die Zerstörung der Ozonschicht beschleunigen.	It is obvious that human activities accelerate the destruction of the ozone layer.
***Wir sollten** die Rolle, die Lufttransport und Straßenverkehr bei der Luftverschmutzung spielen, **nicht unterschätzen**.	**We should not underestimate** the role played by air/road transport in air pollution.
***Wir dürfen** die Bedrohung durch Atomenergie und radioaktiven Abfall **nicht ignorieren**.	**We cannot ignore** the threat posed by nuclear energy and radioactive waste.
***Es lässt sich nicht mehr leugnen, dass** der Klimawandel auf beispiellose Art und Weise voranschreitet.	**It can no longer be denied that** climate change has increased in an unprecedented way.
*Jegliche Veranstaltungen, die Gruppen erlauben, **sind untersagt**, um weitere Infektionen zu verhindern.	Any event that allows groups of people **is prohibited** in order to avoid further infection.
*Alle kommerziellen Flüge **wurden gestrichen** und Grenzen **sind geschlossen**, um die Ausbreitung des Virus zu verhindern.	All commercial flights **are canceled** and borders **are closed** to prevent the spread of the virus.

Der Umweltschutz / Protecting the environment

sorgsam verbrauchen	to consume responsibly
lokale/saisonale/regionale/Bio-Produkte bevorzugen	to favour local/seasonal/regional organic produce
Energieverschwendung vermeiden	to avoid wasting energy
seinen Wasser-/Stromverbrauch reduzieren	to reduce one's water/electricity consumption
seinen Abfall fürs Recycling sortieren	to sort one's waste for recycling
überflüssiges Verpackungsmaterial/Plastik-Einwegtüten ablehnen	to refuse unnecessary packaging/single-use plastic bags

Ein Planet für alle

wiederverwendbare Taschen anwenden	to use reusable bags
Abfälle/Papier/Karton/Glas/Plastik verwerten	to recycle waste/paper/cardboard/glass/plastic
organische Substanzen kompostieren	to compost organic matter
seine Kohlenstoffbilanz/seinen ökologischen Fußabdruck reduzieren, indem man Reisen minimiert	to reduce one's carbon/ecological footprint by minimizing travel
Fahrgemeinschaften (Carsharing) und den Einsatz von Elektrofahrzeugen fördern	to encourage carpooling (carsharing) and the use of electric vehicles
den öffentlichen Verkehr und das Radwegenetz verbessern	to improve public transport and the cycle path networks
alte Batterien/Giftabfälle in einer Recycling-Tonne entsorgen	to put old batteries/toxic waste in a recycling bin/container
lernen, ein umweltbewusster Bürger zu sein	to learn how to be an eco-citizen
Aufklärungskampagnen organisieren, um das Verhalten zu ändern	to organize awareness campaigns in order to change behaviours
Umweltschutz ist eine Herausforderung für Bürger/Unternehmen/Regierungen.	Protecting the environment is a challenge for citizens/businesses/governments.
Den Plastikabfall zu reduzieren, spielt für den Schutz des Planeten eine zentrale Rolle.	Reducing plastic waste is a crucial issue in the protection of the planet.
*Ein Lebensstil ohne Abfall (Zero Waste) und der Gebrauch von biologisch abbaubaren Materialien **sollen gefördert werden**.	A zero-waste lifestyle and the use of biodegradable materials **must be encouraged**.
*Mehr Innovation hinsichtlich der nachhaltigen/ökologischen Architektur **wäre wünschenswert**.	More innovation in terms of sustainable/ecological architecture **would be desirable**.
*Die Maximalgeschwindigkeit **sollte** weiter reduziert werden, um die Umweltbelastung aufgrund von Verkehr zu verringern.	The road speed limit **should be** further reduced in order to diminish the environmental impact of transport.
*Wenn der Schadstoffgehalt die Warngrenze überschreitet, **ist es notwendig**, Verkehrsbeschränkungen (z.B. nur noch Fahrten an jedem zweiten Tag) einzuführen.	**It is essential** to implement alternate-day travel when pollutant levels exceed the warning level.
***Wir müssen** unsere Essgewohnheiten verändern, indem wir den Fleischkonsum reduzieren.	**We need** to change our eating habits by eating less meat.
***Es ist unerlässlich**, dass wir die Hinweise der Klimaforscher, die uns deutliche Warnungen geben, befolgen.	**It is imperative** that we follow the advice of climatologists who give stark warnings.

Die nachhaltige Entwicklung / Sustainable development

die saubere/erneuerbare Energie	clean/renewable energy
CO_2-neutraler Fußabdruck	carbon-neutral footprint
die Solarenergie/Windenergie/hydroelektrische Energie/geothermal Energie	solar/wind/hydroelectric/geothermal energy
der Biokraftstoff	biofuels
die Biomasse	biomass
die Windturbine/der Windenergiepark	wind turbine/wind farm
das Gezeitenkraftwerk	tidal power plant
die Sonnenkollektoren/die Photovoltaikmodule	solar (photovoltaic) panels
die Wärmepumpe/Wärmerückgewinnungspumpe	heat pump, heat re-use pump
die ökologische Lebensmittelwirtschaft entwickeln	to develop the organic food industry
kurzfristige Entwicklungen vermeiden	to avoid short-term developments
nachhaltige Produktions- und Verbrauchsmodelle einführen	to adopt sustainable production and consumption models

5 Ein Planet für alle

die Umwelt und natürlichen Ressourcen langfristig erhalten, verbessern und stärken	to preserve, improve and enhance the environment and natural resources in the long term
Produkte aus nachhaltigen Quellen kaufen	to buy products from sustainable sources
durch eine Verringerung der Risiken für die Umwelt das ökologische Gleichgewicht aufrechterhalten	to maintain the ecological balance by reducing the risks to the environment
Es ist nicht unmöglich, seine Einstellung zu ändern, um sich in Richtung einer gerechten und umweltfreundlichen Welt zu bewegen.	It's not impossible to change attitudes in order to move towards a fair and environmentally-friendly world.
Die Industrieentwicklung sollte eine Quelle des Fortschritts für alle sein.	Industrial development must be a source of progress for all.
Es gibt immer noch viele Länder, wo die Agrikultur/Landwirtschaft mehr als 70% der Arbeitsplätze und des Einkommens bietet.	There are still many countries where the land provides more than 70% of employment and income.
***Wir müssen** die drei Säulen der nachhaltigen Entwicklung, nämlich wirtschaftliche Effizienz, soziale Gerechtigkeit und Umweltschutz, **berücksichtigen**.	**We must take into account** the three pillars of sustainable development, which are economic efficiency, social equity and environmental protection.
***Wir sollten** die Globalisierung/den wachsenden Welthandel **berücksichtigen**.	**We must take into account** globalization/acceleration in trade with the whole world.
***Wir können** weder die Zunahme der Ungleichheit zwischen reichen und armen Ländern noch den prognostizierten Bevölkerungszuwachs **länger ignorieren**.	**We can no longer ignore** either the increase in inequalities between rich and poor countries or population growth forecasts.
***Es muss sichergestellt werden**, dass die Ökosysteme nachhaltig sind, während wir das Wohlergehen von allen sichern.	**It is necessary to ensure** the sustainability of the ecosystem while ensuring the well-being of all.

A–Z for German B (published by Elemi)

B Ländliche und städtische Räume

Das Landleben — Country life

das Haus in einem Dörfchen/Dorf	house in a hamlet/village
der Bauernhof im Grünen	farm in the open countryside
das Haus am Meer	house by the sea
das Feld	field
der Wald	forest
der Berg	mountain
der Fluss	river
der See	lake
das Haus auf dem Land/der Zweitwohnsitz	house in the country/second home
das ländliche Umfeld/der ländliche Raum	rural environment
die Landbewohner	country dwellers/residents
die Isolation/die Abgelegenheit	isolation/remoteness
ein gesunder, ruhiger und grüner Lebensraum	a healthy, serene and green living environment
niedrige Lebenshaltungskosten	low cost of living
die geringe Bebauungsdichte	low-density housing
die sehr geringe Bevölkerungsdichte pro Quadratmeter	very low density of inhabitants per square metre
das Zugehörigkeitsgefühl zur Gemeinschaft	sense of belonging to a community
Mangel an lokalen Arbeitsplätzen	scarcity of local jobs
der Rückgang des primären Wirtschaftssektors (Landwirtschaft, Tierhaltung, Fischerei)	the decline of the primary sector (agriculture, livestock, fishing)
der unzureichende öffentliche Verkehr	the lack of public transport
die Abhängigkeit von Autos	car dependency
Für die Entwicklung des sozialen Zusammenhalts sind öffentliche Dienste unentbehrlich.	Public services are essential to building social cohesion.
Mobile Verkaufswagen gleichen die fehlenden lokalen Geschäfte aus.	Mobile shops make up for the lack of local shops.
Es gibt immer noch Gebiete ohne Internet oder Mobilnetz.	There are still areas without internet or mobile networks.
Mit Internet und Home Office können Menschen, die die städtischen Gebiete verlassen haben, tägliches Pendeln vermeiden.	The internet and teleworking enable people who have moved away from urban areas to avoid the daily commute.
***Laut einer aktuellen Studie** wollen mehr und mehr junge Menschen zurück aufs Land.	**According to a recent survey**, more and more young people want to return to the countryside.
***Nach neuesten Zahlen** hat die Landflucht zugunsten einer neuen Ländlichkeit abgenommen.	**According to the latest figures**, the rural exodus has decreased in favour of a new sort of rurality.

Das Stadtleben — City life

die Wohnung/das Apartment (in einem Wohnblock)	flat/apartment (in a block)
das Haus in einer Wohnsiedlung	house in a housing development
das Einfamilienhaus in einem Vorort	detached house in a suburb
der Wohnblock mit sozialem Wohnungsbau	block of public housing flats
das Wohngebiet	residential area
der Pendler	commuter
die Stadt/die Innenstadt	town/city centre
die innere/äußere Vorstadt	inner/outer suburb

5 Ein Planet für alle

die Grünanlage	green space
der Park	park
das Einkaufszentrum	shopping centre/mall
der Verkehr/der Stau	traffic/traffic jams
die Anonymität	anonymity
die Entwicklung einer Fußgängerzone	development of pedestrianized streets
pendeln während der Hauptverkehrszeit	commuting to and from during rush hour
die Verschmutzung aufgrund von Stau	pollution due to traffic congestion
in einer städtischen/urbanen Umgebung leben	to live in an urban environment
Spaß an einer Vielzahl von Freizeitmöglichkeiten haben	to enjoy a wide range of entertainments
einen leichten Zugang zu Freizeitangeboten haben	to have easy access to leisure activities
den Zugang zu Dienstleistungen schätzen	to value the accessibility of services
Ich mache mir große Sorgen über die (durch Verbrechen und Terrorismus verursachten) Sicherheitsprobleme.	I am very concerned about the problems of insecurity (related to crime or terrorism).
In der Stadt ist es manchmal schwierig, geräumige und bezahlbare Wohnungen zu finden.	In the city, it is sometimes difficult to find spacious and affordable housing.
***Laut** einigen Wirtschaftswissenschaftlern wird der Dienstleistungssektor (Firmen oder Behörden) auf ländliche Gebiete oder in die städtische Peripherie verlagert.	**According to** some economists, the tertiary sector (companies or administrations) is moving to rural or peri-urban areas.
***Die Daten zeigen, dass** eine wachsende Zahl von Stadtbewohnern die Hektik des Stadtlebens zu stressig findet.	**Figures indicate that** a growing number of city dwellers find the pace of life in the city too stressful.
***Kürzlich durchgeführte Studien haben ergeben, dass** viele Stadtbewohner von einem Leben in einer Stadt nach Menschenmaß träumen.	**Recent studies reveal that** many city dwellers dream of living in a human-scale city.

C Menschenrechte

Die Grundrechte	Fundamental rights
die Allgemeine Erklärung der Menschenrechte	Universal Declaration of Human Rights
die zentralen Werte: die Würde, die Gleichberechtigung, die Nichtdiskriminierung	key values: dignity, equality, non-discrimination
das Recht auf Leben (das Lebensrecht), auf die Freiheit und die persönliche Sicherheit	right to life, liberty and personal safety
das Verbot von Sklaverei/Folter/unrechtmäßiger Verhaftung	prohibition of slavery/torture/unlawful arrest
die Unschuldsvermutung	presumption of innocence
das Recht auf Gleichbehandlung	right to equal justice
der Schutz der Privatsphäre/des Rechts, eine Ehe einzugehen und eine Familie zu gründen	protection of privacy/the right to marry and to a family
das Recht auf Staatsbürgerschaft/auf Asyl/auf Freizügigkeit	right to nationality/to asylum/to freedom of movement
die Glaubensfreiheit/die Meinungsfreiheit und freie Meinungsäußerung/die Versammlungs- und Vereinigungsfreiheit	freedom of conscience/of opinion and expression/of assembly and association
der gleichberechtigte Zugang zu öffentlichen Dienstleistungen/zum Stimmrecht	equal access to public services/right to vote
das Recht auf Gesundheit/auf soziale Sicherheit	right to health and social security
das Recht auf Arbeit/auf faire Bedingungen/auf Urlaub	right to work/to fair pay/to holidays
das Recht auf Eigentum	right to own property
das Recht auf Bildung/auf den Zugang zu Kultur	right to education/access to culture
unabhängig von Rasse, Hautfarbe, Geschlecht, Sprache, Religion, politischer Überzeugung, nationaler oder sozialer Herkunft, Vermögen, Geburt oder sonstigem Status	without distinction of race, colour, sex, language, religion, political opinion, national or social origin, wealth, birth, or other status
der Menschenrechtsaktivist	human rights activist
das Recht auf … haben	to have the right to …
Später möchte ich internationales Recht studieren und als Anwalt arbeiten, um die Rechte aller Flüchtlinge zu schützen.	Later on, I would like to study international law and work as a lawyer to defend the rights of all refugees.
Menschenrechte sind universal, unteilbar (alle sind gleich wichtig) und unveräußerlich (sie können, selbst in Krisensituationen, nicht entzogen werden).	Human rights are universal, indivisible (all are equally important) and inalienable (cannot be withdrawn, even in emergency situations).
*Nach der Massenvernichtung von Millionen von Menschen während des Zweiten Weltkriegs mussten die Bürger vor möglichen Verstößen einer Regierung geschützt werden.	**Following** the extermination of millions of people during the Second World War, it was necessary to protect citizens from possible violations perpetrated by a government.
*Infolge von Kriegen und des darauf folgenden Zustroms von Asylsuchenden gibt es in Europa viele Organisationen, die sich für den Schutz von Menschenrechten einsetzen.	In Europe there are many organizations that protect human rights **because** of wars and the consequent inflow of asylum seekers.
*Einige Rechte können im Fall von außergewöhnlichen Gefahren für die Öffentlichkeit beschränkt werden. Du könntest deiner Freiheit beraubt werden, wenn du ein Verbrechen begangen hast.	Some rights may be curtailed **in the event of** exceptional risk to the public and you may be deprived of your freedom if you have committed a crime.

Die Menschenrechtsverstöße	Human rights violations
die Beschlagnahme von Besitz	confiscation of property
die Polizeischikane	police harassment
die Inhaftierung ohne Anklage *oder* Gerichtsverfahren/die unrechtmäßige Verhaftung	detention without charge *or* trial/unlawful arrest
die erniedrigende Behandlung/die Ausgrenzung	degrading treatment/marginalization
das Exil/die gewaltsame Vertreibung der Bevölkerungen	exile/forcible displacement of populations
die Kinderarbeit	child labour
der Frauenhandel (für die Prostitution)	trafficking of women (for prostitution)
die Zwangsrekrutierung/die Kindersoldaten	forced recruitment/child soldiers
die Sklaverei	slavery/servitude
die ethnische Säuberung/der Völkermord	ethnic cleansing/genocide
gegen die Menschenrechte verstoßen	to violate human rights
unter dem Vorwand eines Ausnahmezustands Freiheiten einschränken	to restrict freedom on the pretext of a state of emergency
das Recht auf freie Meinungsäußerung verletzen	to violate the right to freedom of expression
ein Verbrechen gegen die Menschlichkeit begehen	to commit a crime against humanity
den Migranten das Recht auf Asyl verwehren	to deny migrants the right of asylum
einer Überwachung/Kontrolle unterliegen	to be subject to surveillance/monitoring
In einigen Ländern ist es gefährlich, seine Meinung zu äußern.	In some countries, it is dangerous to express your opinions.
Einige Länder schränken Grundfreiheiten ein, um terroristische Bedrohungen zu bekämpfen.	Some countries limit fundamental freedoms to combat the terrorist threat.
Die Technologie erlaubt vermehrt Eingriffe in die Privatsphäre und die verstärkte Profilerstellung von Bürgern.	Technology is increasingly allowing the invasion of privacy and widespread profiling of citizens.
Keine Umstände dürfen Entführung, Folter, Misshandlung, Vergewaltigung oder Mord rechtfertigen.	No circumstances can justify kidnapping, torture, ill-treatment, rape or murder.
Menschenrechtsverletzungen und Verstöße werden von NRO in Ländern angeprangert, in denen es Diskriminierung, Ausgrenzung, Unterdrückung und Gewalt gibt.	NGOs denounce human rights abuses and violations in countries that are guilty of discrimination, exclusion, oppression and violence.
*Ich möchte in Frage stellen, ob es sich bei der Einschränkung von bestimmten Rechten, wie z. B. die Verhängung einer Ausgangssperre, um eine Sicherheitsmaßnahme handelt, die durch einen Ausnahmezustand gerechtfertigt ist, oder ob dies eine Verletzung von Menschenrechten ist.	**I would question whether** restricting certain rights, such as imposing a curfew, is a security measure justified by a state of emergency or is a violation of human rights.
*Ich frage mich, ob das Respektieren von kulturellen Unterschieden eines Landes bedeutet, dass man die Verletzung bestimmter allgemeiner Rechte akzeptiert.	**I wonder whether** respecting a country's cultural differences implies accepting the violation of certain universal rights.
*Ich hinterfrage bestimmte staatliche politische Entscheidungen, die nicht die Rechte von Einwanderern schützen, sondern diese unterdrücken und ihnen nicht erlauben, ihre Rechte wahrzunehmen.	**I question** certain state policies that, instead of protecting the rights of immigrants, repress them and do not allow them to have their due.
*Es ist unmöglich, einige Gesetze in einigen Ländern **nicht in Frage zu stellen**, wie z.B. die Todesstrafe oder das Recht, Waffen zu tragen, wenn es sich dabei um eklatante Menschenrechtsverletzungen handelt.	**It is impossible not to question** some laws in some countries, such as the death penalty or the right to carry arms, when they are blatant violations of human rights.

5 Ein Planet für alle

A-Z for German B (published by Elemi)

Ein Planet für alle 5

Die Erziehung und die Durchsetzung von Rechten	Education and enforcement of rights
die Erziehung zur Demokratie/die demokratische Bürgerschaft	education in democracy/democratic citizenship
die bürgerschaftliche Kompetenzen (pl)	citizenship skills
der Geist des Verständnisses/der Toleranz/der Gerechtigkeit	spirit of understanding/tolerance/justice
die Anerkennung von kultureller Vielfalt	recognition of cultural diversity
die Geschlechtergleichstellung/ethnische Gleichbehandlung	gender and ethnic equality
der Wunsch, in einer freien Gesellschaft zu leben	desire to live in a free society
den Respekt für Menschenrechte und Grundfreiheiten untermauern	to reinforce respect for human rights and fundamental freedoms
das öffentliche Bewusstsein für die Situation schutzbedürftiger Personen schärfen	to raise public awareness of the situation of vulnerable people
Standpunkte und Verhaltensweisen aufgreifen, die anderen gegenüber respektvoll sind	to adopt views and behaviours that are respectful of others
Demokratie, soziale Gerechtigkeit und Solidarität fördern	to promote democracy, social justice and solidarity
Freundschaften zwischen Völkern und Nationen erhalten	to maintain friendship between peoples and nations
auf die Gründung einer Kultur des Friedens hinzuarbeiten	to work towards establishing a culture of peace
Meiner Ansicht nach hilft das IB-Programm, die Realität des weltweiten interkulturellen Bewusstseins besser zu verstehen.	In my opinion, the IB programme helps to appreciate the realities of intercultural awareness around the world.
Durch das IB habe ich Einstellungen und Werte angenommen, die über die Unterschiede von Kulturen, Religionen, Geschlechtern und Politik hinausgehen.	Through the IB, I have acquired attitudes and values that can transcend differences in culture, religion, gender or politics.
Durch die CAS-Aktivitäten habe ich gelernt, den am meisten benachteiligten Menschen in der lokalen Gemeinschaft zu helfen und gleichzeitig ihre Würde zu wahren.	Through CAS activities, I have learned to help the most disadvantaged people in the local community, while at the same time respecting their dignity.
Durch Erziehung sollen Mitgefühl, Solidarität und Engagement gefördert werden, um jenen zu helfen, deren Rechte bedroht sind.	Education must promote empathy, solidarity, and a commitment to help all those whose rights are threatened.
*Organisationen wie Amnesty International und Ärzte ohne Grenzen (MSF) **arbeiten, um** Menschenrechtsverstöße weltweit **anzuprangern**.	Organizations such as Amnesty International and Médecins sans Frontières **work to denounce** human rights violations around the world.
*Die verursachten Schäden müssen von internationalen Strafgerichtshöfen anerkannt werden, **damit** die Opfer eine Entschädigung **bekommen**.	The damages caused must be recognized by international criminal tribunals **in order for** victims **to obtain** reparation.
*Jeder einzelne von uns kann täglich und auf seine eigene Weise etwas tun, **um** die Grundrechte aller Menschen zu **verteidigen**.	Every one of us can do something on a daily basis and at our own level **to defend** the fundamental rights of us all.
*Die allgemeine Erklärung der Menschenrechte ermächtigt uns alle **sicherzustellen, dass** die Menschenwürde geachtet wird.	The Universal Declaration of Human Rights empowers us all **to ensure that** human dignity is respected.
*Wir müssen öffentliche Räume **so** gestalten, **dass** es Menschen mit Mobilitätsproblemen **ermöglicht,** Zugang zu erhalten und diese Menschen nicht ausgegrenzt zu werden.	We must design public places **in such a way as to allow** people with mobility issues to access them and not be marginalized.

D Frieden und Konflikt

Warum Krieg? — Why war?

der Weltkrieg/Bürgerkrieg/Glaubenskrieg/Unabhängigkeitskrieg	world/civil/religious/independence war
die Rebellion/der Aufstand/die bewaffnete Auseinandersetzung	rebellion/insurrection/armed conflict
der Terroranschlag	terrorist attack
der Feind/Gegner	enemy/opponent
die Armee/die Streitkräfte (das Militär)	army/armed forces
der Soldat	soldier/serviceman
der Kämpfer/Krieger	fighter
die Atomwaffen/chemischen Waffen/Biowaffen/bakteriologischen Waffen	nuclear/chemical/biological/bacteriological weapons
der Bombenanschlag/die Bombardierung	bombing/bombardment
der tödliche Kampf	deadly struggle
die gewaltsamen Auseinandersetzungen	violent clashes
die Zivilbevölkerung	civilian population
die Besetzung durch feindliche Kräfte	occupation by enemy forces
die versteckte Widerstandsgruppe	underground resistance group
die Niederlage/Kapitulation	defeat/surrender
der Sieg/Triumph	victory/triumph
angreifen/der Angriff	to attack/the attack
ein Gebiet überfallen/übernehmen/erobern/ein Gebiet besetzen	to invade/to occupy a territory
das Feuer eröffnen/den Kampf aufnehmen	to open fire/start fighting
kämpfen	to fight/struggle
den Status der Unsicherheit aufrechterhalten	to maintain a state of insecurity
Tod und Verderben säen (id)	to wreak death and destruction
(schwer) verwundet sein	to be (seriously) injured
sterben/sein Leben verlieren	to die/lose your life
für die Heimat/sein Land sterben	to die for the homeland/your country
Ich habe irgendwo gelesen, dass jeder vierte Mensch in einem Land lebt, das von Krieg betroffen ist.	I read somewhere that about one in four people lives in a country affected by war.
Viele Auseinandersetzungen sind hauptsächlich historisch und geopolitisch begründet.	Many conflicts are mainly explained by historical and geopolitical reasons.
*Die vielen Kriege **werden durch die Tatsache erklärt**, dass die Welt zunehmend ungleich ist und vom Gewinnstreben dominiert wird.	Many wars **are explained by the fact that** the world is increasingly unequal and dominated by the pursuit of profit.
***Die Ursache** von vielen Konflikten ist das Bestreben, die Kontrolle über ein Gebiet oder über Rohstoffe zu erlangen.	Trying to gain control of a territory or natural resources **is the cause** of many conflicts.
*Historische Rechte über ein Gebiet zurückzufordern kann zu bewaffneten Auseinandersetzungen **führen**.	Reclaiming historical rights over a territory can **lead to** armed conflict.
*Ungleichheit, Ungerechtigkeit und Ausgrenzung **sind die Quelle** vieler Konflikte.	Inequality, injustice and exclusion **are the source** of many conflicts.

5 Ein Planet für alle

Die Auswirkungen von Krieg

die Anzahl der Toten und Verwundeten	number of dead and wounded
(im Kampf) gefallen	killed in action/combat
das Kriegswaisenkind	war orphan
das Internierungslager/Konzentrationslager	detention/concentration camp
die Vertriebenen/die deportierten Personen	displaced/deported persons
die posttraumatische Belastungsstörung (PTBS)	post-traumatic stress disorder (PTSD)
die Zerstörung der Infrastrukturen	destruction of infrastructure
der eingeschränkte Zugang zu Hygiene/ärztlicher Versorgung/Bildung	reduced access to hygiene/medical care/education
die Notfallversorgung/Notoperation	emergency care/emergency surgery
die Invalidität infolge einer Kriegsverletzung	disability due to war injury
viele Zivilverluste verursachen	to cause many civilian casualties
Grausamkeiten ansehen/miterleben	to witness atrocities
in Lagern Zuflucht finden	to take refuge in camps
wohnungslos/obdachlos werden	to become homeless
von der Familie getrennt sein	to be separated from your family
aus einem Land fliehen, das sich im Krieg befindet	to flee a country at war
der Wirtschaft eines Landes schaden	to damage the economy of a country

siehe 2 F und 5 C

Krieg wirkt sich auf alle Lebensbereiche aus, wie z. B. die Versorgung mit Lebensmitteln, die Wasserversorgung, Gesundheit, Unterbringung, Bildung und Arbeit.

War has repercussions on all aspects of life such as food supply, water supply, health, housing, education and work.

Die Zahl an Flüchtlingen und Vertriebenen hat sich in den letzten 30 Jahren verdreifacht.

The number of refugees and displaced persons has tripled over the past 30 years.

Jede bewaffnete Auseinandersetzung hat langfristige Folgen, wie z. B. Vorbehalte, Hass und seelisches Trauma.

Any armed conflict has long-term consequences, such as resentment, hatred and psychological trauma.

Die Militärstrategie des Ökozids umfasst die absichtliche Zerstörung der Umwelt durch die Anwendung von gefährlichen Substanzen.

The military strategy of ecocide involves deliberately destroying the environment through the use of hazardous substances.

In einigen Ländern werden viele Kinder getötet, verstümmelt, gefangen oder von Gruppen rekrutiert, die sie ausnutzen.

In some countries, many children are killed or maimed, imprisoned, or recruited by groups who exploit them.

*Es ist unbestreitbar, dass Frauen unter Konflikten stärker leiden, da Vergewaltigung und andere Formen von sexueller Gewalt als Kriegswaffen angewendet werden.

It is undeniable that women suffer more during conflicts, given that rape and other forms of sexual violence are used as weapons of war.

*Zweifelsohne verlangsamt sich die Wirtschaftsentwicklung von kriegführenden Ländern durch den Verlust von Menschenleben und die Zerstörung.

It goes without saying that the loss of human life and destruction delay the development of the economies of countries at war.

*Es ist offensichtlich (*oder* deutlich), dass die Auswirkungen eines Konflikts wesentlich weiter gehen als nur für die Opfer selbst, weil Familien zerstört und Gesellschaften über mehrere Generationen hinweg verwüstet werden.

It is obvious (*or* evident) that the impact of a conflict goes much further than the victims themselves, by destroying families and devastating societies across several generations.

Eine friedliche Welt

der Waffenstillstand/die Waffenruhe/die Einstellung der Feindseligkeiten	truce/ceasefire/suspension of hostilities
die Demobilisierung/die Evakuierung/die Freigabe	demobilization/evacuation/release
die Konfliktlösung/das Kriegsende	conflict resolution/end of the war
die Friedensschaffung	peacemaking

5 Ein Planet für alle

die Friedensmission	peacekeeping operation
die Diplomatie	diplomacy
der Friedensstifter	peacemaker
die UN-Blauhelme	UN peacekeepers
die zugefügten Schäden wiedergutmachen/ der Schadensausgleich	repairing the damage caused/compensation for damage caused
den Auseinandersetzungen ein Ende setzen	to put an end to the clashes
eine Vereinbarung treffen	to reach an agreement
einen Friedensvertrag unterschreiben	to sign a peace treaty
die beschädigte Infrastruktur wieder aufbauen	to rebuild the damaged infrastructure
den Opfern seelische Unterstützung bieten	to provide victims with psychological support
Soldaten die gesellschaftliche Reintegration ermöglichen	to facilitate soldiers' reintegration into their communities
einen Dialog aufnehmen und Beziehungen zwischen Einzelpersonen in gespaltenen Gesellschaften wiederaufbauen	to establish a dialogue and rebuild relationships between individuals in divided societies
Anstiftung zum Hass verurteilen	to denounce incitement to hatred
die Zunahme von Gewalt verhindern	to prevent an increase in violence
die Grundursachen der Auseinandersetzung ansprechen	to address the root causes of the conflict
die Spirale der Gewalt ablehnen	to reject the spiral of violence
Krieg ist nicht die Antwort oder Lösung, und das Recht, den Wehrdienst zu verweigern, muss sichergestellt sein.	War is not the solution and the right to be a conscientious objector must be guaranteed.
Die kriegerischen Konflikte einiger Regionen helfen uns, die Konfiguration, die territoriale Aufteilung und die aktuellen Auseinandersetzungen jener Regionen zu verstehen.	The warlike conflicts of some areas help us to understand the configuration, territorial distribution and current disputes of the region.
Boykotte und Sanktionsdrohungen können genutzt werden, um zu verhindern, dass ein Land eine Aggressionspolitik verfolgt.	Boycotts and threats of sanctions can be used to prevent a country from adopting a policy of aggression.
Ich glaube, dass wir friedliche Lösungen unterstützen und eine Friedens- und gewaltfreie Kultur fördern sollten.	I believe that we must support peaceful solutions and promote a culture of peace and non-violence.
Meiner Meinung nach wäre für die Vermeidung von Kriegen eine vollständige Abrüstung effektiver als nukleare Abschreckung.	In my opinion, total disarmament would be more effective than nuclear deterrence in preventing wars.
*Wenn wir Wirtschaftswachstum gerecht stimulieren würden, indem wir die enormen Ungleichheiten reduzieren, dann würden wir Verständnis und Zusammenarbeit zwischen Völkern fördern.	**If we stimulated** economic growth equitably, by reducing gross inequalities, **we would promote** understanding and cooperation among peoples.
*Falls wir verhindern könnten, dass sich Ökosysteme verschlechtern und Armut weiter wächst, dann würden wir politische Instabilität reduzieren, die oft zu bewaffneten Konflikten führt.	**If we could prevent** ecosystems from degrading and making poverty worse, **we would reduce** political instability, which often leads to armed conflict.

A-Z for German B (published by Elemi)

E Gleichberechtigung

siehe 4 E und 5 C

Der Reichtum und die Armut | Wealth and poverty

die Armutsgrenze	poverty line
die Armut/der vollkommene Verlust/das Elend	poverty/total deprivation/destitution
die vierte Welt/die Unterschicht	fourth world/the underclass
soziale Ungleichheiten	social disparities
die Entbehrung	deprivations
die Schuldenanhäufung	accumulation of debts
unsichere Wohnverhältnisse (die Besetzung, das Campen, die Behelfsunterkunft)	precarious housing (squat, camping, makeshift shelter)
die reduzierte Kaufkraft	reduced purchasing power
ein bescheidenes Einkommen	modest incomes
die privilegierten Klassen/die Wohlhabenden	privileged classes/the wealthy
einen luxuriösen Lebensstil haben/im Überfluss leben	to lead a luxurious lifestyle/live in opulence
vor Geld stinken (id)	to be filthy rich
Probleme haben, über die Runden zu kommen (id)	to have problems making ends meet
nicht mehr für sich selbst sorgen können	to no longer be able to support yourself
über ein unzureichendes Einkommen verfügen	to have insufficient income
es fehlen Bedarfsgüter/lebenswichtige Güter	to lack basic commodities/essential goods
das Bankkonto ist vor Monatsende überzogen/ vor dem Monatsende rote Zahlen schreiben (id)	to be overdrawn/in the red before the end of the month
Mindestlohn verdienen	to earn the minimum wage
vom Staat Sozialhilfe bekommen/Leistungen beantragen	to be on welfare/to claim benefits (from the state)
Die Verschlechterung der sozialen Ungleichheit ist ein vieldiskutiertes Thema.	The worsening of social inequalities is a hotly-debated issue.
Wir bringen extreme Armut oft in Zusammenhang mit Entwicklungsländern, aber Armut existiert auch vor unserer Haustür.	We often associate extreme poverty with developing countries, but poverty also exists on our doorstep.
Die angeordnete Quarantäne, um Infektionen und Tod aufgrund des Coronavirus verhindern zu können, hat der europäischen Wirtschaft einen historischen Schlag versetzt.	The quarantine ordered to prevent infection and death from coronavirus dealt a historic blow to the European economy.
Nahrungsmittelunsicherheit existiert in ländlichen Gebieten, ist aber oft weniger sichtbar als in größeren Städten.	Food insecurity exists in rural areas but is often less visible than in large cities.
*Ist es nicht an der Zeit, die Wohlstandsverteilung zu überdenken, um die soziale Kluft zu reduzieren?	Is it not time to reconsider the distribution of wealth in order to reduce the social divide?
*Was können wir tun, um Ungleichheiten in einigen europäischen Ländern zu reduzieren, in denen die Vermögensverteilung sehr breit sein kann?	What can we do to reduce inequality in some European countries where the distribution of wealth can be quite broad?
*Warum nicht für gerechtere Handelspraktiken sorgen, anstatt auf Entwicklungshilfe angewiesen zu sein?	Why not establish fairer trade practices rather than relying on development aid?

Marginalisierung und Ausgrenzung | Marginalization and exclusion

die Obdachlosen	the homeless
die Einwohner einer benachteiligten Nachbarschaft	residents of deprived neighbourhoods
die illegalen Einwanderer	illegal immigrants
die Menschen mit Behinderungen und schweren Krankheiten	people with disabilities and serious illnesses

die Langzeitarbeitslosen	long-term unemployed people
der Ausschluss von Schulbildung	exclusion from school
die gesundheitsgefährdenden Lebensverhältnisse	unhealthy living conditions
die Sozialleistungen	social benefits
das Integrationsprogramm/Rehabilitationsprogramm	integration/rehabilitation programme
die Unterkunft/die Notunterkunft	shelter/emergency shelter
die Lebensmittelbank	food bank
entlassen werden/seinen Arbeitsplatz verlieren/Pleite gehen	to be made redundant/to lose your job/to go bankrupt
sich auf der Straße befinden/auf der Straße leben	to find yourself on the street
betteln	to beg
abgelehnt werden/stigmatisiert werden/ die Zielscheibe von Diskriminierung sein	to be rejected/stigmatized/the target of discrimination
sein Selbstvertrauen verlieren/überwältigt sein	to lose your self-confidence/to be overwhelmed
eine Verbindung zur Gesellschaft aufrechterhalten	to maintain a link to society
Extreme Armut und soziale Ausgrenzung stellen eine Verletzung der Menschenwürde dar.	Extreme poverty and social exclusion constitute a violation of human dignity.
Niemand ist gegen die Ausgrenzung immun.	No one is immune to exclusion.
Ausgrenzung kann eine Folge von Arbeits- oder Vermögensverlust oder auch des Verlusts eines Partners durch Tod oder Scheidung sein.	Exclusion can be the consequence of losing your job and income as well as losing a spouse through death or divorce.
Niedrige Bildungsstände und Analphabetismus sind die Hauptursachen für die Ausgrenzung, was zum Verlust des Selbstwertgefühls führen kann.	Low educational attainment and illiteracy are a major cause of exclusion which can lead to losing your self-esteem.
Hilfsorganisationen müssen in jedem Land immer mehr lokale humanitäre Hilfsaktionen einrichten.	Charities have to set up more and more local humanitarian activities in each country.
*Zuerst ist festzustellen, dass die Marginalisierung ein Teufelskreis ist: Schulabbruch, mangelnde Ausbildung, Arbeitslosigkeit, unsichere Lebensverhältnisse, schlechter Gesundheitszustand und schlussendlich ein Leben am Rande der Gesellschaft.	**The first observation to be made** is that marginalization is a vicious circle: dropping out of school, the lack of an education, unemployment, insecure living conditions, poor health, and finally living on the fringes of society.
*Als erstes kann man darauf hinweisen, dass das Gefühl, sozial nutzlos zu sein, bewirken kann, dass eine ausgegrenzte Person ihre Zukunft aus den Augen verlieren kann und depressiv wird.	**The first point to make is that** feeling socially useless can lead a marginalized individual to lose sight of their future and become depressed.
*Zunächst sollten wir uns überlegen, wie wir ausgegrenzten Menschen helfen können, sich wieder in die Gesellschaft einzugliedern.	**First of all, we have to look at** how we can help excluded people reintegrate into society.

Existiert die Parität? / Does parity exist?

die Chancengleichheit	equal opportunity
das Lohngefälle zwischen den Geschlechtern/der gleiche Lohn	gender pay gap/equal pay
das Geschlechterungleichgewicht	gender imbalance
die Frauenfragen *oder* Frauenthemen/die Stellung der Frauen	women's issues/women's status
auf eine inklusive Weise sprechen/leichte Sprache	to speak in inclusive language
die Karrierefrau/Hausfrau	career woman/housewife
vielfältige Hindernisse für die Frauenförderung	multiple barriers to female advancement
die Männerdomäne	male preserve

unterrepräsentiert sein	to be under-represented
Quoten einführen	to introduce quotas
eine niedere Arbeit haben/machen	to do a menial job
von jemandem finanziell abhängig sein	to be financially dependent on somebody
in eine verantwortliche Position kommen/ einen erstklassigen Job bekommen	to get to a position of responsibility/a top job
eine erfolgreiche Karriere haben	to have a successful career
Karriere und Familienleben unter einen Hut bekommen (id)	to juggle a career and family life
Jahrhundertelang waren Frauen den Männern gesetzlich nicht gleichgestellt und sie waren von ihren Ehemännern abhängig.	For centuries, women were not legally recognized as equal to men and were dependent on their husbands.
Frauen mussten darum kämpfen, Gleichbehandlung zu erreichen, die sie heute haben.	Women have had to fight to achieve the level of equality they have today.
Frauen haben für Gleichberechtigung (Parität) und gleichen Lohn gekämpft.	Women fought for parity and equal pay.
Die Geschlechtergleichstellung zielt darauf ab, die Anzahl der Frauen in Macht- und Führungspositionen, wie z. B. in der Regierung oder in Firmenvorständen, zu erhöhen.	Gender equality aims to increase the number of women in positions of power and decision-making, such as in government or large companies.
Geschlechtsbedingte Ungleichheiten sind nicht unvermeidlich, sondern resultieren aus politischen Entscheidungen und es gibt konkrete Wege, dies zu verändern.	Gender inequalities are not inevitable but are the result of political choices and there are concrete ways to change them.
Trotz des unbestreitbaren sozialen Fortschritts ist es bedauerlich zu sehen, dass sogenannte frauentypische Berufe nicht geschätzt werden.	Despite undeniable social progress, it is disgraceful to see that so-called women's jobs are not valued.
*Es ist empörend, dass sich Frauen und Männer im 21. Jahrhundert die häusliche Arbeit immer noch nicht gleich teilen.	It is outrageous to see that in the 21st century, women and men are still not sharing household chores equally.
*Ich bin entsetzt, dass wir heute immer noch gleiches Entgelt für gleiche Arbeit fordern müssen.	I am appalled that still today we have to demand equal pay for equal work.
*Ich bin empört, dass es immer noch so viele unsichtbare Hindernisse gibt, die Frauen von der vollen Teilnahme an allen Aspekten des öffentlichen Lebens ausschließen.	I am outraged that there should still be so many invisible barriers preventing women from fully taking part in all aspects of public life.
*Es ist nicht annehmbar/es ist schlichtweg falsch/ es ist inakzeptabel/es ist unerträglich, dass das Recht, respektiert zu werden und vor allem das Recht, vor sexueller Ausbeutung geschützt zu werden, am Arbeitsplatz nicht immer eingehalten wird.	It is intolerable/just wrong/unacceptable/ unbearable that the right to be respected and in particular to be protected from sexual harassment is not always upheld in the workplace.

F Globalisierung

siehe 3 D

Vorteile der Globalisierung / Benefits of globalization

die Öffnung der Grenzen	opening of borders
der internationale Handel	international trade
die Schaffung von handelsfähigen Blöcken	creation of commercial blocks
die Arbeitsplatzschaffung	job creation
niedrigere Preise für die Verbraucher	lower prices for consumers
Anstieg der Auslandsinvestitionen	increase in foreign investment
die Konkurrenz	competition
der Freihandel	free trade
die Internationalisierung von Firmen	internationalization of companies
der freie Warenverkehr/Personenverkehr	free movement of goods/people
ein breites Produktsortiment für die Verbraucher	wide range of products for consumers
die Zusammenlegung von Ressourcen	pooling of resources
die größere Wissensverbreitung	greater dissemination of knowledge
eine Steigerung des globalen Lebensstandards	an increase in the global standard of living
die globale Entwicklung der Handelsbeziehungen/ der technologischen/der politischen/ der kulturellen Beziehungen	global development of trade/technological/political/ cultural relations
die industrielle Standortverlagerung	industrial relocation
Regierungsbehörden für die internationale Zusammenarbeit gründen, wie z. B. die UNO für die Friedenserhaltung	to set up government agencies for international cooperation, such as the UN for peacekeeping
Entwicklungsländern ermöglichen, sich zu industrialisieren	to enable industrialisation in developing countries
international bessere Arbeitschancen bieten	to provide better employment opportunities internationally
Ungleichheiten zwischen entwickelten und Entwicklungsländern reduzieren	to reduce inequalities between developed and developing countries

Manchmal sprechen wir von einem „globalen Dorf", um die Idee auszudrücken, dass dank moderner Technologien alle Erdbewohner virtuell sehr nah beieinander sind.

Sometimes we speak of a 'global village' to express the idea that thanks to technology all the inhabitants of the planet are very close to each other virtually.

Probleme wie die Erderwärmung, die Erhaltung der Artenvielfalt oder Terrorismus machen es notwendig, bestimmte politische Entscheidungen zu globalisieren.

Problems such as global warming, the preservation of biological diversity, or terrorism make it necessary to globalize certain political decisions.

Die Standortverlagerungen machen es möglich, Konkurrenzvorteile wie billigere oder qualifiziertere Arbeitskräfte zu nutzen.

Relocating makes it possible to obtain competitive advantages such as cheaper or more skilled labour.

Die Weltbank hilft Ländern, die sich von den Folgen eines Krieges erholen oder durch Schulden gelähmt sind.

The World Bank helps countries recovering from war or those crippled by debt.

***Die Befürworter** der Globalisierung **behaupten, dass** diese internationale Hilfe durch Darlehen oder Spenden, Lebensmittellieferungen und Bildungsprogramme fördert.

Advocates of globalization **claim that** it encourages international aid through loans or donations, food deliveries, and educational programmes.

***Die Anhänger** der Globalisierung **argumentieren, dass** sie das Potenzial hat, tief verwurzelte globale Probleme wie Arbeitslosigkeit und Armut zu lösen.

Supporters of globalization **argue that** it has the potential to solve deep-rooted global issues such as unemployment and poverty.

Die Nachteile der Globalisierung / Disadvantages of globalization

die Antiglobalisierung	anti-globalization
die Ausbeutung der Arbeiter	exploitation of workers
die Herrschaft einiger Länder über andere	domination of some countries over others

Ein Planet für alle 5

das Verschwinden von kleinen Betrieben	disappearance of small producers
die Deindustrialisierung	deindustrialization
der Raubbau von Rohstoffen	overexploitation of raw materials
die Erschöpfung der natürlichen Ressourcen	depletion of natural resources
die Furcht vor einem globalen Börsencrash	fear of a global stock market crash
ein Faktor im Anstieg von sozialen Ungleichheiten und Ungerechtigkeiten	a factor in the increase of social inequalities and injustices
die Dominanz großer multinationaler Unternehmen	dominance of large multinational companies
die Standardisierung der Kulturen	standardization of cultures
der Verlust von nationalen und regionalen Besonderheiten	loss of national or regional characteristics
der Verlust von kultureller Identität	loss of cultural identity
den Reichtum der Welt in den Händen der Finanzelite konzentrieren	to concentrate the world's wealth in the hands of a financial elite
die Probleme verschärfen, die mit der Erderwärmung verbunden sind	to aggravate the problems associated with global warming
den illegalen Handel (von Drogen, Organen, usw.) vereinfachen	to make illegal trafficking (drugs, organs, etc.) easier
die Kluft zwischen denen, die etwas besitzen, und denen, die nichts besitzen vergrößern	to widen the gap between the haves and the have-nots
Jobs werden oft in Länder und Regionen verlegt, wo Arbeitskräfte billig sind.	Jobs are often relocated to countries or regions where labour is cheap.
Um ihren Arbeitsplatz zu behalten, müssen Arbeiter sehr niedrige Löhne akzeptieren.	Workers have to accept very low wages if they want to keep their jobs.
Die Globalisierung schafft ein politisches System, in dem nur die Reichsten Einfluss haben.	Globalization creates a political system where only the richest have influence.
Die Globalisierung verstärkt die Kluft zwischen Ländern des Nordens und des Südens, bzw. (beziehungsweise) zwischen entwickelten und Entwicklungsländern.	Globalization amplifies the divide between countries of the North and the South, i.e. between developed and developing countries.
Die Globalisierungsgegner wollen eine andere Welt, die nicht auf Gewinn und Ausbeutung basiert, sondern nach den Grundsätzen der wirtschaftlichen und sozialen Gerechtigkeit, der Einhaltung von Umweltschutz und Menschenrechten handelt.	Anti-globalization activists want another world, based not on profit and exploitation but on the principles of economic and social justice, environmental protection, and human rights.
***Die Gegner der** Globalisierung **kritisieren** die Dominanz der nordamerikanischen Kultur und der englischen Sprache.	**Opponents of** globalization **criticize** the dominance of North American culture and of the English language.
***Eines der Hauptziele der Kritiker** von Antiglobalisierung ist die Welthandelsorganisation (WTO), welche die Liberalisierung und Intensivierung des Handels fördert.	**One of the main targets of** anti-globalization **critics** is the World Trade Organization (WTO), which promotes the liberalization and intensification of trade.
***Laut Kritikern** folgt die WTO einer Ideologie, die Menschen wie Waren behandelt.	**According to its critics**, the WTO follows an ideology which treats people as commodities.

G Ethik

Probleme, die die Gesellschaft spalten — Issues which divide society

die Legalisierung von Cannabis	legalization of cannabis
die Abtreibung	abortion
die Wahl der Geschlechtsidentität	choice of gender identity
die gleichgeschlechtliche Ehe	same-sex marriage
die Todesstrafe	death penalty
die Zensur	censorship
das Geoengineering/Klimaengineering	geo-engineering/climate engineering
die Weltraumkolonisierung	space colonization
die ethische Frage/das ethische Problem	ethical issue
das komplexe Problem	complex problem
die moralische/philosophische Frage	moral/philosophical question
die Kontroverse	controversy
die Gewissensfrage	matter of conscience
das ideologische Argument/das Argument der Religion	ideological/religious argument
eine polarisierende Debatte	polarised debate
die heikle Frage/das heikle Thema	thorny issue
in Schwierigkeiten geraten	to get into difficulties
Stellung nehmen zu …	to take a position on …
… kommentieren	to comment on …
sich auf die Seite von … stellen	to take the side of …
eine klare Meinung zum Thema haben	to have a clear-cut opinion on the issue
In meiner Religion stimmen wir … nicht zu/akzeptieren wir nicht, dass…	In my religion, we don't agree with …/we don't accept that …

***Ich denke, dass** es notwendig ist, rassistische Reden zu zensieren.
I think that censoring racist speech is a necessity.

***Ich denke nicht, dass** die Todesstrafe der beste Weg ist, um Gerechtigkeit zu gewährleisten.
I don't think sentencing someone to death is the best way to do justice.

***Ich glaube, dass** die gleichgeschlechtliche Ehe eine positive Veränderung für die Familie und die Gesellschaft ist.
I believe that same-sex marriage is a positive change for the family and society.

***Ich glaube nicht, dass** ein Abtreibungsverbot eine gute Idee ist, vor allem für Vergewaltigungsopfer.
I don't think banning abortion is a good idea, especially for rape victims.

*Meiner Ansicht nach **ist es sicher, dass** die Legalisierung von weichen Drogen nicht gut ist.
In my opinion, **it is certain that** legalizing soft drugs is not a good thing.

*Meiner Meinung nach **ist es nicht eindeutig, dass** gentechnische Manipulation des Klimas die Erderwärmungseffekte stoppen könnte.
To my mind **it's not clear that** technological manipulation of the climate could stop the effects of global warming.

***Ich bin davon überzeugt, dass** wir das Recht haben zu wählen, welchem Geschlecht wir angehören wollen.
I am convinced it is our right to choose the gender to which we want to belong.

***Ich bin nicht zuversichtlich, dass** das Leben im Weltall oder auf einem anderen Planeten ein Wunderheilmittel ist.
I am not convinced that going to live in space or on another planet is the miracle cure.

5 Ein Planet für alle

Ein Planet für alle 5

Bioethische Fragen	Bioethical issues
die Leihmutterschaft/medizinisch unterstützte Fortpflanzung (muF)	surrogate pregnancy/medically assisted procreation (MAP)
die genetische Veränderung von Embryos	genetic modification of embryos
die Eugenik	eugenics
die Organspende/Organernte (Organentnahme)/Organtransplantation	organ donation/harvesting/transplantation
die (verlängerten und aggressiven) therapeutischen Interventionen	(prolonged and aggressive) therapeutic interventions
das Lebensende	end of life
die Behandlung/ärztliche Versorgung unterbrechen	stopping treatment/care
der vegetative Zustand/niedrigste Bewusstseinszustand	vegetative state/minimum state of consciousness
die Sterbehilfe	euthanasia
die Suizidhilfe	assisted suicide
das Klonen von Menschen	human cloning
die Gehirn-Maschine-Schnittstelle	brain/machine interface
der Transhumanismus	transhumanism
die Kryotechnik	cryogenics
eine Kampagne (für das Recht auf Leben) in Gang setzen	to campaign for (the right to life)
(Humanexperimente) unterstützen	to support (human experimentation)
(die Langlebigkeit) fördern	to promote (human longevity)
Vorbehalte gegenüber (der ärztlichen Schweigepflicht) haben	to have reservations about (medical confidentiality)
(kollaterale Schäden) ignorieren	to ignore (collateral damage)
(fragwürdige Praktiken) übersehen	to turn a blind eye to (questionable practices)
sich (dem Einsatz von Versuchstieren) widersetzen	to oppose (the use of laboratory animals)
sich gegen (gefährliche Versuche) aussprechen	to speak out against (dangerous experiments)
(Missbrauch/Missverständnisse) anprangern	to denounce (abuse/misconceptions)
(die Unmenschlichkeit einiger Praktiken) verurteilen	to condemn (the inhumanity of certain practices)
Entrüstung ausdrücken	to express outrage
die Forschungsparameter definieren	to define the parameters of research
vorsichtig sein	to err on the side of caution
Wisschenschaftliche Innovationen schaffen andauernd neue moralische Probleme.	Scientific innovations are constantly creating new moral problems.
Dio Bioethik stellt sicher, dass alle Menschen respektiert werden.	Bioethics ensure each human being is respected.
Methoden, die die menschlichen Kapazitäten durch Biotechnologie verbessern wollen, müssen sehr genau überwacht werden.	Methods aiming to improve the capabilities of human beings through biotechnology must be supervised very closely.
Wegen meiner Religion und Kultur habe ich Vorbehalte gegenüber dem Eingriff in das „Natürliche".	Because of my religion and my culture, I have reservations about interfering with what is natural.
Die Wissenschaftsgemeinschaft ist sich einig darüber, dass es Grenzen gibt, die nicht überschritten werden sollten.	The scientific community agrees there are lines that should not be crossed.
Experimente mit potenziell schädlichen und unbekannten Auswirkungen dürfen nicht fortgesetzt werden.	Experiments with unknown and potentially harmful effects cannot be allowed to continue.
Die Langlebigkeit der Menschheit zu sichern darf nicht um jeden Preis geschehen.	Ensuring the longevity of the human race must not be done at all costs.

5 Ein Planet für alle

Die wissenschaftliche Forschung muss ein humanistisches Unternehmen sein, kein Angriff auf die Menschenwürde.	Scientific research must be a humanistic quest, not an affront to human dignity.
Der Arzneimittelmissbrauch durch Sportler, um ihre Leistung zu maximieren, sollte einen Sturm der Entrüstung auslösen.	The misuse by athletes of medication to maximize their performance should cause a storm of indignation.
Künstliche Intelligenz produziert Gutes und Schlechtes, abhängig davon, wie es angewendet wird.	Artificial intelligence produces both good and bad things, depending on how it is used.
***Ich verstehe, dass du** die besten körperlichen Eigenschaften für dein Kind auswählen **möchtest,** aber es führt zu einem zweistufigen System der Medizin, in dem die Reichsten die besten Gene haben werden.	**I understand that you might want** to choose the best physical attributes for your child, but it leads to a two-tiered system of medicine, where the richest will have the best genes.
***Ich kann die Vorstellung nicht ertragen, dass** wir die menschliche Fortpflanzung kontrollieren **möchten,** um vollkommene Wesen zu schaffen und dabei eine totale Missachtung für die Gleichheit der Menschen zeigen.	**I cannot bear the idea that we would want** to control human reproduction in order to create perfect beings showing total disregard for equality for all.
*Falls Gentherapie es verhindern kann, dass ein Kind sein ganzes Leben mit einer unheilbaren schweren Krankheit lebt, **kann ich nicht ersehen,** warum es verboten sein **sollte**.	If genetic therapy can prevent a child from living his or her entire life with an incurable disabling disease, **I can't see** why it **should** be banned.
***Ich bezweifle, dass** es angebracht ist zu versuchen, jemanden um jeden Preis am Leben zu erhalten, dessen Langzeitprognose fatal ist.	**I doubt it is** advisable to try and keep alive at all costs someone whose long-term prognosis is disastrous.
*An Transplantaten **beunruhigt mich am meisten,** dass sie zum Organhandel von Spendern aus hauptsächlich armen Ländern **führen**.	**What concerns me most** about transplants is that it **leads to** trafficking organs from donors mainly from poor countries.
*ced**Beim Thema** Biotechnologie **macht mir am meisten Sorge,** dass wir die Existenz von menschlichen Klonen als Organbanken überhaupt in Betracht ziehen.	**The most disturbing thing** to me about biotechnology is that we should even consider the existence of human clones as organ banks.
*Bei der Manipulation von menschlichem genetischem Erbgut **macht mir am meisten Angst,** dass wir den Unterschied zwischen dem, was die Technologie leisten kann, und dem, was die Ethik zulässt, nicht mehr erkennen.	**What scares me the most** about manipulating human genetic heritage is that we no longer know the difference between what technology can do and what ethics allows.
*Angesichts dessen, was für die Biotechnologie-Entwicklungen auf dem Spiel steht, **scheint es unbedingt notwendig,** deren Sicherheit durch einen strengen Rechtsrahmen zu **gewährleisten**.	Given the stakes involved in biotechnology developments, **it seems absolutely necessary to guarantee** they are safe by using a rigorous legal framework.

A-Z for German B (published by Elemi)

Vokabular für die mündliche Prüfung

A Ein Bild kommentieren (GS/SL)

Das Foto/Bild	Photo(graph)/image
die Abbildung	illustration
die Werbung	advertisement
das Poster/Plakat	poster
in diesem Bild geht es um …	this picture is about …
dieses Foto bildet … ab/es ist ein Foto, das … abbildet	it's a photo illustrating …
das Foto behandelt das Thema (+ Gen)	the photo deals with the theme of …
bei diesem Foto geht es um …	the photo is about …
das Hauptthema/Leitmotiv von diesem Bild ist …	the main theme of the image is …
im Foto sehen/erkennen/beobachten/bemerken wir …	in the photo, we see/distinguish/observe/note …
rechts/links/in der Mitte des Bildes können wir … sehen	we can see on the right/left/in the centre of the image …
auf den ersten Blick	at first glance
bei näherer Betrachtung	on closer examination
die Totalaufnahme	long shot
die Nahaufnahme/aus nächster Nähe	the close-up/from close-up
im Vordergrund/in der Mitte/Hintergrund	in the foreground/in the middle distance/in the background
vor/hinter/vorne/hinten	in front of/behind/at the front (of)/at the back (of)
auf der rechten Seite/auf der linken Seite/in der Mitte	on the right/on the left/in the centre
oben (im oberen Teil)/unten (im unteren Teil)	at the top/bottom
in der Mitte/in der Ecke	in the middle/in the corner
es ist sehr scharf	it's very sharp
es ist ein bisschen verschwommen	it's a bit blurry
die Szene findet in … (+ *Ort/Zeitangabe*) statt	the scene takes place in/at … (+ *place/time*)
dieses Foto wurde (wahrscheinlich) in/an/während … aufgenommen	this photo was (probably) taken in/on/during …
der Kontext/Zusammenhang kann durch die Anwesenheit von … bestimmt werden	the context can be determined through the presence of …
der Blick fällt auf …	the eye is drawn to …
der Gesichtsausdruck legt nahe, dass/drückt aus, dass	the expression on the face suggests that …
aufmerksam/mit Aufmerksamkeit	with attention
Das kann mit einem anderen Thema der Klasse/des Kurses verbunden sein.	This can be related to another topic of the course.
Dies könnte mit meiner eigenen Kultur/meinem Kontext zusammenhängen.	This could be related to my own culture/my context.
Könnten Sie die Frage bitte wiederholen?	Could you repeat the question?
es scheint, dass/es ist möglich, dass/es ist wahrscheinlich, dass …	it seems that/it would seem that/it is possible/likely that …
das Bild erinnert mich an …	the picture reminds me of …
der Zweck/das Ziel dieses Fotos ist es auf … aufmerksam zu machen.	the purpose of this photo is to draw attention to …

6 Vokabular für die mündliche Prüfung

das Bild teilt uns … mit/bringt einen dazu … nachzudenken/hilft uns … zu entdecken	this image informs us/makes us think/helps us discover …
das Bild symbolisiert …/ruft … hervor/bezieht sich auf …/weist auf … hin/erweckt den Eindruck/drückt ein Gefühl über … aus	the image symbolizes …/evokes …/refers to …/suggests …/gives the impression of …/expresses a feeling of …
dieses Foto könnte als eine Verurteilung von/eine Kritik von/eine Entschuldigung für/Propaganda für … verstanden werden	this photograph could be interpreted as a denunciation of …/a critique of …/an apology for …/propaganda for …
das Foto gibt/vermittelt einen Eindruck von Ruhe/Glück/Frieden/Gewalt/Unbehagen	the photo gives/leaves an impression of calm/happiness/peace/violence/unease
ich vermute, die Absicht des Fotografen ist es, …	I assume the photographer's intention is to …
ich vermute/nehme an, dass der Fotograf … sagen will, …	I guess/suppose what the photographer means is …
hier amüsiert mich/interessiert mich/überrascht mich/macht mich nachdenklich/schockiert mich/erstaunt mich/stört mich, dass …	here, what amuses me/interests me/surprises me/makes me think/shocks me/strikes me/bothers me, is …

A–Z for German B (published by Elemi)

B Präsentation von einem Literaturauszug (LS/HL)

Das Genre	Genre
der Roman	novel
das Theaterstück	theatre play
die Kurzgeschichte/der Kurzgeschichtenband	short story/collection of short stories
das Gedicht/die Dichtung/Poesie	poem/poetry
der Prosatext/der Text in Versform	text in prose/verse
die Veröffentlichung/das Erscheinungsdatum	publication date
der Autor/Schriftsteller/Romanautor/Dichter/Dramatiker	author/writer/novelist/poet/playwright
der Erzähler	narrator
die Figur/der Held/die Heldin/die Hauptfigur/die Nebenfigur	character/hero/heroine/protagonist/secondary character
der Stil des Autors	author's style
das stilistische Mittel/die stilistische Figur	stylistic device/stylistic figure
die Verwendung von Bildern/Metaphern/Vergleichen	use of images/metaphors/comparisons
der Rhythmus/die Alliteration/die Reime	rhythm/alliteration/rhymes
das Werk heißt …/mit dem Titel …	the work is called …/is entitled …
es ist eine Liebesgeschichte/ein kitschiger Liebesroman	it's a love story/soppy romance novel
es ist ein Abenteuerroman/Science-Fiction-Roman	it's an adventure/science fiction novel
es ist ein Briefroman/Kriminalroman/Fantasy-Roman/Bildungsroman	it's an epistolary/detective/fantasy novel/coming-of-age story
es ist eine Biographie/Autobiographie	it is a biography/an autobiography
er ist ein berühmter/bekannter/sehr bekannter Autor/Schriftsteller	he is a famous/known/well-known author
der Text stammt aus einem zeitgenössischen Werk	the text is taken from a contemporary work
das Werk erschien/wurde XXXX veröffentlicht/wurde zu Beginn des 20. Jahrhunderts veröffentlicht	the work came out/was published in XXXX/at the beginning of the 20th century
es ist ein Klassiker der Literatur des 20. Jahrhunderts	it is a classic of 20th-century literature
der Autor gehört der literarischen Bewegung an, die Romantik/Realismus/Surrealismus heißt	the author belongs to the literary movement called romanticism/realism/surrealism
der Schriftsteller ist relativ unbekannt	the author is relatively unknown
es ist eine allwissende Erzählung/die Erzählung erfolgt in der ersten Person/die Erzählung erfolgt in der dritten Person	it is omniscient narration/the narration is in the first person/the narration is in the third person
in diesem Auszug lernen wir die Hauptfigur/die Nebenfigur kennen	in this excerpt, we meet/discover the main character/a secondary character
er ist eine freundliche/bewegende/attraktive/liebenswerte Figur	he is a friendly/touching/attractive/endearing character
die Figur wirkt unfreundlich/unausstehlich/unsympathisch/widerlich	the character seems unfriendly/obnoxious/unpleasant/disgusting
die Szene ist ein Monolog/Dialog/ein Gespräch zwischen …	the scene is a monologue/dialogue/conversation between …
es ist eine Beschreibung	it is a descriptive text
die Sprachebene ist informell/formell	the register is informal/formal
der Stil ist originell/einzigartig/neuartig	the style is original/unique/innovative
der Stil ist konventionell/normal/banal	the style is conventional/ordinary/banal

6 Vokabular für die mündliche Prüfung

der Ton des Textes ist tragisch komisch/lyrisch/ironisch/philosophisch	the tone of the text is tragic/comic/lyrical/ironic/philosophical
die vom Schriftsteller angewendeten Stilmittel tragen dazu bei, dass der Text …	the stylistic features used by the author contribute to making this text …
lebhaft/packend/faszinierend	lively/captivating/fascinating
lustig/erfreulich/unterhaltsam	fun/enjoyable/entertaining
diese Textstelle befindet sich am Anfang/in der Mitte/am Ende des Werkes	this passage is at the beginning of/middle of/end of the work
die Handlung/die Szene findet … statt	the action/the scene takes place/happens …
die Ereignisse finden … statt	the events take place/happen …
es ist eine Schlüsselszene (entscheidende Szene)/entscheidende Stelle (Schlüsselpassage)	it's a key scene/a key passage
dieser Auszug hat einen wichtigen Platz im Werk, weil …	this extract has an important place in the work, because …
die Bedeutung/Wichtigkeit der Textstelle/Passage (des Auszugs)	meaning/significance of the passage (extract)
die Wichtigkeit/Relevanz des Werkes	importance/relevance of the work
der Autor lobt/kritisiert/verspottet	the author praises/criticizes/ridicules
hervorrufen/anspielen auf/vorschlagen/betonen/beschreiben	to evoke/allude to/suggest/underline/describe
das Werk spiegelt die Anliegen dieser/der damaligen Zeit wider	the work reflects the concerns of its time
das Thema des Werkes ist heute immer noch aktuell	the theme of the work is still relevant today
die hier behandelten Themen sind zeitlos	the themes discussed here are timeless
das Werk hat eine universale Reichweite	the work has a universal reach
als ich die Passage/Textstelle las, hatte ich das Gefühl, dass …	as I read this passage, I felt …
diese Textstelle hat mich interessiert/hat mich berührt/hat mich bewegt, weil …	this passage interested me/touched/moved me because …
der Text hat mich gelangweilt/hat mich irritiert/ärgerte mich, weil …	the text bored/irritated/annoyed me because …
Ich würde das Lesen von diesem Werk (nicht) empfehlen, weil …	I would (not) recommend reading this work because …

A-Z for German B (published by Elemi)

7 Hilfreiche Ausdrücke für die mündliche und schriftliche Prüfung

A Verschiedene Textsorten

Der Brief/die E-Mail an einen Freund/eine Freundin

Lieber/Liebe .../Hallo,

Wie geht es Dir (seit dem letzten Mal)?

ich wollte Dir sagen, dass .../Dich fragen, ob ...

Schreib mir bald./Melde Dich bei mir.

Liebe Grüße *oder* viele Grüße/Bis bald!/Küsse/Bussi

Letter/email to a friend

Dear .../Hi,

How have you been doing (since we were last in touch)?

I wanted to tell you that .../to ask you if ...

Get back to me soon.

Love *or* Best wishes/See you later!/Kisses

Der formelle Brief/die formelle E-Mail

Sehr geehrter Herr XX/ Sehr geehrte Frau XX, (*wenn man die Person nicht kennt:* Sehr geehrte Damen und Herren!)

Sehr geehrte Damen und Herren,

als Antwort auf Ihre Anzeige/auf Ihren Brief/ auf Ihre E-Mail ...

Ich kontaktiere Sie, um einige Informationen zu erhalten/ um mich auf diese Stelle zu bewerben.

ich wäre Ihnen dankbar, wenn Sie ... könnten

Ich freue mich darauf, bald von Ihnen zu hören.

Mit freundlichen Grüßen

Formal letter/email

Dear Sir/Madam,

To whom it may concern (if no name is known):

in response to your ad/letter/email ...

I am contacting you to get some information/apply for the job.

I would be grateful if you could ...

I look forward to hearing from you.

Yours sincerely

Das Tagebuch

Liebes Tagebuch,

ich muss dir erzählen was heute passiert ist ...

Das ist alles für heute/war's für heute. Gute Nacht und bis morgen.

Diary

Dear Diary

I must tell you what happened today ...

That's all for today, good night, till tomorrow.

Der Blog

Liebe Leser/Abonnenten

ich schreibe heute diesen Eintrag/Post, weil .../um ...

kommentiert/hinterlasst Kommentare/ihr könnt es teilen/ teilt es

Blog

Dear readers/subscribers

I am writing this post today because .../to ...

leave your comments/feel free to share

Die Rede/die Ansprache/der Vortrag

Frau Direktorin, meine Damen, meine Herren, liebe Freunde

das Thema, über das ich hier sprechen werde, .../ das Thema, das ich heute ansprechen werde, ...

Erlauben Sie/erlaubt mir zuerst (Ihnen/euch einige Zahlen zu präsentieren)

betrachten wir jetzt .../schauen wir uns jetzt ... an

kommen wir nun zu .../wenden wir uns auch der Frage ... zu

Stimmen Sie/Stimmt ihr nicht mit mir überein, dass ...?

Abschließend möchte ich sagen, dass ...

danke für Ihre/Eure Aufmerksamkeit und Ihr/ Euer Interesse an diesem Thema

Speech

Madam Director, ladies, gentlemen, dear friends

the subject I'm going to talk about here .../the issue I will address today, ...

let me first of all (give you some figures)

now let's examine .../let's look at ...

let's now move on to .../let's also address the question of ...

do you not agree with me that ...?

I will conclude by saying that ...

thank you for your attention and interest in this subject

B Ein Argument darstellen

Seine Ideen logisch vorstellen

erstens (zuerst)/zweitens

als Erstes sollte man sagen/erwähnen/zuerst müssen wir den Punkt berücksichtigen, dass …

außerdem/darüber hinaus

nach Prüfung (+ Gen) …, wenden wir uns jetzt (+ Dat) … zu/fahren wir jetzt fort mit der Überlegung über …

einerseits …, andererseits …/nicht nur …, sondern auch …/zur gleichen Zeit …, sondern vor allem

letztlich/abschließend/ich möchte schließen mit …

Seine Punkte illustrieren

zum Beispiel/lasst uns ein Beispiel nehmen/wie (wie z. B.)

nämlich/anders ausgedrückt/und zwar

nach einer aktuellen Studie/nach neuesten Zahlen/Zahlen weisen darauf hin, dass …/kürzlich durchgeführte Studien ergeben, dass …

zitieren/laut/gemäß

Unterschiedliche Meinungen äußern

die Verteidiger des/der X sagen, dass …/die Unterstützer von X behaupten, dass …/Laut Anhängern des/der …

die Gegner von X kritisieren/laut Kritikern des/der …/die Gegner von X sind gegen …

Seine Meinung abgeben

meiner Meinung nach/ich bin der Ansicht, dass …/ich bin der Auffassung, dass …

meines Erachtens/persönlich/was mich angeht

ich denke/ich glaube/ich bin der Meinung, dass …

es scheint mir dass …

ich bin überzeugt, dass …/ich bleibe dabei, dass …/ich bin zuversichtlich, dass

ich denke nicht, dass/ich glaube nicht, dass/ich bin nicht überzeugt, dass …

es beunruhigt mich, dass/es schockiert mich, dass/es wundert mich, dass …

es erstaunt mich, dass …/es überrascht mich, dass …/ich finde es überraschend, dass …

es macht mir Sorgen/Angst/Freude, dass …

Zustimmung/Widerspruch ausdrücken

selbstverständlich/natürlich/genau

dies ist nicht der Fall/auf keinen Fall!/keineswegs!

ich bin einverstanden/ich bin für/ich befürworte

ich teile diese Auffassung/ich bin der gleichen Auffassung

ich bin nicht einverstanden/ich bin gegen/ich bin dagegen, dass …

ich bin anderer Meinung/ich muss widersprechen/ich halte es für falsch, dass …

Presenting your ideas logically

first of all/secondly

the first thing to say/the first point to make/we first need to look at

in addition/moreover

after having examined …, let us now consider/let us continue our reflection …

on the one hand …, on the other hand/not only …, but also/at the same time …, but above all

finally/to conclude/to finish/let's conclude with

Illustrating your points

for example/let us take as an example/such as

which is to say that/in other words/namely

according to a recent survey/according to the latest figures/the figures indicate that/recent studies reveal that …

to quote/according to

Giving different opinions

the defenders of x state that …/the supporters of X assert that …/according to the followers of …

the opponents of x criticize/according to critics of …/the opponents of x are against …

Giving your opinion

in my opinion

as far as I am concerned/personally/as for me

I think/I believe/I am of the opinion that …

it seems to me that …

I am convinced that/I maintain that/I am confident that

I don't think that …/I don't believe that …/I am not convinced that …

it worries me/it shocks me/it surprises me that …

it amazes me that …/it surprises me that …/I find it surprising that …

it worries me/it scares me/it pleases me that …

Expressing agreement/disagreement

of course

that's not the case/absolutely not!/no way!

I agree/I'm for/I'm in favour (of)

I share this opinion

I don't agree/I am against/I am opposed to

I have a different opinion/I have to contradict/I think it's wrong that …

7 Hilfreiche Ausdrücke für die mündliche und schriftliche Prüfung

A–Z for German B (published by Elemi)

ich kann die Idee nicht ausstehen, dass/ich kann mir nicht vorstellen, dass/ich akzeptiere nicht, dass …	I can't stand the idea that/I can't imagine that/I do not accept that …
mich beunruhigt am meisten/am beunruhigendsten ist/ am meisten macht mir Angst, dass …	what concerns me the most/the most disturbing is that/what scares me the most is that
es ist beschämend/es ist skandalös/es ist ein Skandal	it's shameful/it's scandalous/a scandal
ich bin entsetzt, dass …/ich bin empört, dass …	I am appalled that/I am outraged that …
es kommt darauf an …/ich bin mir nicht sicher ob, …/ ich kann beide Standpunkte verstehen/ich kann beide Seiten der Medaille verstehen	it depends/I am not sure if …/I can see both sides
es ist nicht hinnehmbar/unentschuldbar/inakzeptabel/ unerträglich, dass …	it is intolerable/inexcusable/unacceptable/unbearable that

C Logische Konjunktionen

Gründe erläutern
Explaining reasons

weil/da/denn	because
wegen/aufgrund	because of
tatsächlich/dank (wegen)/man sieht, dass …/ angesichts dessen, dass …/folgend/bezüglich	indeed/thanks to/seeing that/given that …/ following/regarding

Konsequenzen/Folgen erläutern
Explaining consequence

folglich/deshalb/daher/anschließend/mit dem Ergebnis, dass …	consequently/therefore/thus/then/with the result that …
als Ergebnis/infolgedessen/dadurch	as a result

Widerspruch/Übereinstimmung zeigen
To show opposition/concession

aber/dennoch (allerdings)	but/yet
einerseits/allerdings/trotzdem/andererseits/ abgesehen davon	on the one hand/however/nevertheless/on the other hand/having said this
(ganz) im Gegenteil/andererseits (dagegen)	on the contrary/conversely
während	while
obwohl	although
immerhin (trotzdem)/immer noch	all the same/still

Zweck angeben
Indicating purpose

damit/um … zu	in order to
damit/sodass	so that